Dios & EL ABSOLUTO

Cornelius Van Til

Dios y el absoluto

Copyright © Monte Alto Editorial, 2024

Traducido con permiso del libro *God and the Absolute* © Cornelius Van Til, 1927.

A menos que se indique lo contrario, las citas de las Escrituras son de la Biblia RVR1960 (Versión Reina Valera 1960) © 1960 en América Latina por Sociedades Bíblicas.

Primera impresión 2024 en Colombia
ISBN: 978-628-01-3395-9

Todos los derechos reservados. Ninguna parte de esta publicación puede ser reproducida, almacenada en un sistema de recuperación o transmitida en forma alguna por ningún medio, ya sea electrónico, mecánico, fotocopiado, grabado o de otro tipo, sin el permiso previo del editor, excepto en los casos previstos por la ley de derechos de autor de los Estados Unidos.

Monte Alto Editorial
www.montealtoeditorial.com

TABLA DE CONTENIDO

Introducción 5

Capítulo Uno:
Fundamentos ilogicos en medio de la "lógica" pragmática 7

Capítulo Dos:
Pragmatismo y voluntarismo permeados por conclusiones pesimistas de la existencia 11

Capítulo Tres:
La experiencia, ¿Un camino hacia Dios? 17

Capítulo Cuatro:
La incomprensibilidad del "todo" en el idealismo 29

Capítulo Cinco:
Crítica ad hominem del idealismo, en favor del teísmo 35

Capítulo Seis:
Incongruencias al hacer depender a Dios del hombre 41

Capítulo Siete:
La ambivalencia del idealismo 55

Conclusiones 67

INTRODUCCION

En muchos sectores parece prevalecer la idea de que el Dios del cristianismo y el Absoluto de la filosofía idealista moderna son idénticos. El idealismo y el cristianismo parecen haber formado una alianza contra todas las formas de realismo y pragmatismo. Es cierto que hay alguna diferencia entre el Idealismo y el cristianismo en su declaración de credo, pero entonces el primero ha sacado a relucir las implicaciones lógicas del segundo y da una expresión más sistemática y coherente del principio que subyace en el cristianismo. Esta expresión mejor y más completa se ha logrado a través del énfasis del idealismo en la inmanencia de Dios. No es que la Iglesia cristiana no hubiera confesado esta doctrina, pero nunca se la había tomado en serio, ya que también se mantenía una doctrina deísta de la trascendencia. En el énfasis idealista en la inmanencia, se dice que se conserva la esencia del cristianismo y su forma se libra de algunas aristas asimétricas.

La alianza así formada es aclamada por filósofos y teólogos por igual como profética de un glorioso amanecer de paz y progreso. Tomados de la mano hemos detenido nuestra disputa y por fin hemos encontrado una salida para nuestras energías en el mejoramiento de la raza humana. Sin embargo, se escuchan algunos murmullos aquí y allá de que no todo lo que brilla es oro. Ahora bien, como me encuentro entre el grupo de los descontentos que no han unido su voz al aplauso de la paz, paz, porque no hay paz, estoy aquí llamado a dar cuenta de la fe que hay en mí. Sigo creyendo en el Dios del cristianismo y no en el absoluto del Idealismo. Creyendo que mi fe es una "fe razonable", en este artículo intentaré demostrar que la aparente similitud entre el idealismo y el cristianismo cubre una diversidad fundamental, que en consecuencia debemos hacer una elección entre ellos y que la elección por el cristianismo es filosóficamente más sostenible.

Para hacer esto, será suficiente tomar la concepción central de Dios que se encuentra en la base de todo el teísmo cristiano y afirmar que es la única concepción que puede ofrecer una unidad posible a la experiencia humana. La única alternativa a la creencia en este Dios es el escepticismo. El curso de nuestro argumento será que el idealismo, que comienza con la esperanza optimista de encontrar la racionalidad completa en la experiencia, debe abandonar lentamente su alto ideal y volverse al campo pragmático del pensamiento que considera inútiles todos los intentos de metafísica. Establecer el argumento anterior sería suficiente para nuestro argumento si no fuera porque algunos de los idealistas más recientes parecen haber renunciado a la esperanza de una racionalidad completa y en esa medida ya han cedido a la posición pragmática. Por lo tanto, tendremos que comenzar nuestra controversia con el idealismo con una breve discusión de la concepción pragmática del pensamiento para justificar la búsqueda de la unidad completa en la experiencia.

CAPITULO UNO

FUNDAMENTOS ILOGICOS EN MEDIO DE LA "LOGICA" PRAGMATICA

Toda filosofía comienza con la experiencia y busca sus implicaciones. Por experiencia nos referimos a lo que sucede a los seres humanos y a través de ellos que se encuentran en un entorno espacio-temporal. No incluimos en este término las implicaciones o presuposiciones que puedan ser necesarias para hacerlo inteligible. Como seres humanos estamos aquí de alguna manera, seamos lo que seamos, sin importar de donde venimos y adonde vamos.

Comenzando con los datos más simples, el teísmo cristiano supone la existencia de un Dios Absoluto. El origen, la conservación y el destino del mundo fenoménico tienen su explicación únicamente en Dios. Sin la concepción de un Dios autosuficiente, nuestra experiencia humana no tendría sentido. Es bueno notar de inmediato la naturaleza del argumento; es trascendental y no formalmente lógico. Un argumento a favor de la existencia de Dios basado en la lógica formal implicaría la capacidad de definir a Dios y llegar a una racionalidad comprensiva de toda nuestra experiencia. Un argumento trascendental, por el contrario, es negativo en la medida en que razona a partir de la imposibilidad de lo contrario. Si se dice que la imposibilidad de lo contrario es una norma de la lógica formal, después de todo, la respuesta es que todos deben usar argumentos formales, pero que lo importante es definir su poder de sustentación. En cuanto a eso, parece razonable sostener que una posición en la que podemos ver contradicción es insostenible. Además, una posición que reduce nuestra experiencia al caos no puede reclamar la adhesión de criaturas racionales. Es decir, nuestra base para rechazar ciertos puntos de vista es siempre que los concebimos como irracionales. Por otro lado, aceptamos cierta posición en el mundo filosófico no porque podamos racionalizar completamente toda experiencia sobre ella como base. Nuestra metafísica no puede ser más *geometrici demonstrata*[1]: no puedes probar tu posición a nadie a menos que tengas un conocimiento completo o a menos que estés ciertamente en el camino hacia él. En consecuencia, no buscamos probar el teísmo cristiano, sino sólo tratar de mostrar que no podemos encontrar significado en nuestra experiencia humana a menos que haya un Dios autosuficiente para darle significado.

Pero ahora el pragmatista cuestiona lo que llama el supuesto racionalista que acabamos de hacer, de que debemos encontrar significado en el sentido de racionalidad en nuestra experiencia.

Sólo tiene sentido, dice el pragmatista, aquello que tiene valor para la adaptación biológica a nuestro entorno. Entonces, para justificar nuestra concepción "racionalista" del significado, examinaremos primero la noción pragmática del mismo término. De acuerdo con la afirmación del pragmatismo, nuestra noción de significado conduce a especulaciones sobre el Absoluto y sus formas que no tienen ningún valor científico o práctico. F. C. S. Schiller dice que incluso si fuera cierto que la experiencia, como sostienen algunos idealistas, es experiencia del Absoluto, no tendría ningún valor.[2] Si una raza amante de la paz en una pequeña isla supiera con certeza que una banda de piratas bien equipados con armas de guerra habita una isla vecina, ¿ese conocimiento no tendría ningún significado para ellos? Pero renunciando a declaraciones tan extremas, se dice que todas las especulaciones sobre un Absoluto son solo "exhalaciones miasmáticas de un falso intelectualismo, que ha malinterpretado su propia naturaleza y capacidades".[3] Si esto es correcto, será mejor que nuestra discusión se detenga de

---

1 **Nota del editor**: Referencia a la ética demostrada según el orden geométrico por Baruj Spinoza (1632-1677).
2 "Axioms as Postulates" en, Stuart, H. ed. *Personal Idealism* (London: Macmillan and Co., Ltd., 1902), pág. 54.
3 Ibid., p. 129.

inmediato. Podríamos, sin embargo, preguntarnos cómo es cierto que la raza humana, en sus tramos más avanzados, parece haber considerado una necesidad biológica dedicarse a la especulación acerca de Dios; para muchos mártires, el concepto parece haber tenido un significado. Pero sigamos más bien brevemente el argumento presentado. La noción de un Absoluto no tiene sentido porque está basada en un argumento a priori que se ha desarrollado sin tener en cuenta los hechos. Hombres de igual imaginación sinóptica podrían elaborar varias redes de pensamiento lógico que encajaría igualmente bien o mal a la experiencia real. Esta crítica, en el entendido de que se aplica al idealismo, parece justificada. Se podrían tomar muchas citas de la lógica de B. Bosanquet[4] para sustentar la afirmación de que se hace una construcción lógica y, la experiencia debe encajar en ella lo mejor que pueda. Hablar de "condiciones de toda experiencia posible", decir que "no se puede establecer ninguna existencia que no se ajuste precisamente a una esencia"[5] Bien puede considerarse más allá de la competencia del hombre que es temporal y físicamente dependiente y derivado. Tales afirmaciones implican un paralogismo[6], una extensión de las categorías de nuestro pensamiento más allá de la experiencia sin justificación suficiente. ¿Cómo podemos estar seguros de que no hay inteligencias superiores, cuyas leyes de ser no podemos comprometernos a establecer? Como veremos más adelante, es este aforismo el que consideramos el gusano en la raíz principal de la lógica idealista. Por el momento, puede ser suficiente decir que sobre esta base tenemos que violentar nuestra experiencia del tiempo y el cambio. Los intentos más concienzudos de intelectualizar el tiempo no parecen convincentes; al menos siempre existe la ilusión del tiempo y el cambio que permanece sin explicación.

---

4 **Nota del editor:** B, Bosanquet (1848-1923) filósofo, historiador de la Estética y teorico politico ingles, muy influyente en la materia de políticas sociales a finales del siglo XIX y principios del siglo XX

5 B. Bosanquet, *Meeting of Extremes*, p. 80.

6 **Nota del editor** Paralogismo: raciocinio falso o incorrecto realizado de buena fe por falta de consciencia de su engaño o falsedad.

CAPITULO DOS

PRAGMATISMO Y VOLUNTARISMO PERMEADOS POR CONCLUSIONES PESIMISTAS DE LA EXISTENCIA

Al estar de acuerdo con la conclusión negativa del pragmatismo, no lo hemos hecho enteramente por el mismo interés. Ambos han utilizado el argumento de que el idealismo violenta nuestra experiencia. Pero luego de pelear codo con codo ahora empezamos a pelear entre nosotros por el botín. El teísmo sostiene que se ha eliminado un gran obstáculo mediante la destrucción del apriorismo que impedía su progreso hacia el establecimiento de la existencia de una Inteligencia suprema. Si no se hubiera eliminado el apriorismo al que se hace referencia, habría sido imposible defender la existencia de un ser del que no podríamos establecer de antemano la esencia; que sólo se podría sostener que existe un Dios cuantitativamente mayor pero no cualitativamente distinto; toda experiencia tendría que ser de un tipo. Pero en el momento en que procedemos mediante un intento de argumento positivo para atraer al pragmático hacia nuestra creencia, nos acusará nuevamente de que nos estamos entregando a "exhalaciones miasmáticas". La razón de su oposición al idealismo es que considera que todo argumento a favor de un Absoluto está viciado de intelectualismo y apriorismo. Señala el hecho de que el significado de nuestros términos relativo y absoluto carece de sentido para nosotros a menos que los consideremos relacionados. No podemos negar este hecho, pero es la conclusión extraída de este hecho lo que parece cuestionable. En primer lugar, el rechazo del Absoluto sobre la base de tal argumento implica que es ininteligible pensar en un Absoluto que no esté en relación con el mundo, porque lo que no tiene significado es ininteligible. Pero, ¿por qué debería ser ininteligible? Parece bastante inteligible pensar en la existencia de un Dios absoluto antes de la existencia del mundo para quien el mundo estaba presente sólo en el pensamiento, a menos que se ponga la cuestión sobre la base de una lógica abstracta lo cual el Pragmatismo es incapaz de hacer. Para un pragmático no debería ser más difícil concebir la existencia de un Absoluto que pensar en posibles habitantes del planeta Marte. Nuestra crítica al pragmatismo respecto a eso es, por lo tanto, que utiliza las armas de la guerra *a priori* para mantener su terreno. Nos sentimos obligados a insistir en este punto. El pragmatismo dice que la concepción de un Absoluto no tiene sentido porque los términos son relativos. Anteriormente vimos que no se puede decir que una cosa no tenga sentido si es verdad y, en lo que respecta al pragmatismo, la existencia de Dios podría ser un hecho. Que no tenga sentido significa, en última instancia, que no puede ser verdad, y para decir que no puede ser verdad necesita un argumento *a priori*. Establecer las leyes para toda experiencia posible y decir que no puede haber un Absoluto implica un procedimiento a priori igualmente injustificable.

Ahora bien, si no nos hemos equivocado en el párrafo anterior, hemos eliminado otro obstáculo en el camino de un argumento a favor del teísmo. Hemos visto que no tiene sentido decir que la existencia de un Absoluto no tiene sentido cuando esta afirmación proviene de la boca de un pragmático. Para el pragmático todas las cosas son posibles, y cualquier cosa puede ser actual y por tanto tener un significado. Pero dado que nuestro propósito es tratar con el idealismo, debemos observar que incluso tomando el argumento de la relatividad de los términos sobre una base no pragmática sino intelectual, no hay en él ningún poder neutralizador. Concluir que no puede haber un Absoluto que sea autosuficiente porque está fácticamente relacionado con el mundo y porque no podemos pensarlo de otra manera que como relacionado con el mundo es sacar una conclusión más grande que las premisas justificadas. Renunciando al *ad hominem*[7] frente al Pragmatismo, renunciando

---

7   **Nota del editor:** Ad hominem, palabra que se utiliza a un tipo de razonamiento que se

también al hecho de que es un *a priori* que se propone definir positiva o negativamente lo que la realidad puede o no puede ser, existe la objeción adicional de que incluso sobre *una base a priori* la conclusión de la imposibilidad de un Absoluto es injustificado ya que asume que estar relacionado es ser relativo. Esto no se puede probar. No podemos conocer a Dios excepto en relación con nosotros, pero ¿por qué esta necesidad de conocimiento debe elevarse a una necesidad de ser? Si con el pragmatismo sostenemos contra el idealismo que, como criaturas temporalmente dependientes, no tenemos derecho a *un argumento a priori*, y si por otras razones, esta vez contra el pragmatismo, nos vemos en la necesidad de postular la existencia de un Absoluto, el argumento de la relatividad de los términos no tienen por qué impedirnos de mantener nuestra posición, ya que deberíamos esperar que las criaturas no puedan pensar en el Absoluto excepto en relación con ellas porque él realmente está y ellas nunca han estado más que relacionadas con el Absoluto. Tampoco deberíamos esperar que pudiéramos concebir al Absoluto desde su lado de otra manera que pensando en el mundo como idea, sino como realidad. Pero todo esto no puede justificar que digamos que no podría haber un Absoluto sin relación con el mundo de nuestra experiencia, para decir que implica la regresión infinita del mundo, del tiempo y del espacio, lo cual no tenemos derecho a asumir. Además, sobre una base puramente lógica, implica la dificultad de una regresión infinita que puede considerarse como una dificultad al menos tan grande como la de concebir un Absoluto. Entonces tampoco el teísmo cristiano avanza un Absoluto que no contempló eternamente la creación de un mundo temporal de modo que, concedido el argumento lógico, siempre queda la conclusión de que Dios contempló el mundo como idea.

Antes de continuar, debemos señalar que este ataque al teísmo con *un arma a priori* también ha dado el fruto positivo de proporcionarnos una base para nuestras críticas posteriores al idealismo, el cual será que el idealismo con su énfasis en el argumento *a priori* debe violentar un elemento de nuestra experiencia, a saber, el del tiempo y el cambio, y, en segundo lugar, que por la misma razón debe atenerse a la correlatividad de Dios y el hombre; la correlatividad

---

funda en las opiniones o actos de la persona misma que se dirige.

completa del lenguaje y de la lógica debe, si se lleva a cabo *a priori*, conducir a una correlatividad del ser.

Pero mientras tanto todavía no hemos convencido al pragmático. Si nos concede que su argumento de la correlatividad de los términos Absoluto y relativo no prueban su punto, dirá que, después de todo, su posición no depende de un argumento intelectual. Es su misma crítica al intelectualismo que "el organismo es activo y el organismo es uno".[8] Ahora bien, esto lo concedemos de inmediato. Pero cuando se hace la afirmación adicional de que, por lo tanto, el intelecto debe convertirse en el sirviente de la voluntad y el deseo, respondemos: "el organismo es uno". El voluntarismo no es la única alternativa al apriorismo. La crítica a un apriorismo es válida sin la base del voluntarismo, ya que se basa en el hecho de que un apriorismo violenta nuestra experiencia del tiempo. Si tomamos en serio la unidad del organismo, daremos a la argumentación intelectual tanto derecho a la existencia como a la voluntad; y no hacer al uno siervo del otro. Porque no es en absoluto una calumnia sobre el argumento intelectual si ha surgido históricamente en respuesta a la necesidad del organismo. Concedido que nuestras voluntades y deseos han sido instrumentales en provocarlos, queda por demostrar que esto es incompatible con la existencia de una Inteligencia suprema que primero le ha dado a ese organismo la habilidad de postular y experimentar y tener éxito en ello. Si el pragmatismo aún persiste en mantener que un Absoluto no tiene sentido, finalmente se verá obligado a encontrarse con nosotros cara a cara en un terreno metafísico. Su voluntarismo no puede durar mucho tiempo sin tal base. Siempre es posible preguntar al voluntarista por qué se niega a ir más allá de hasta aquí en una serie infinita, donde tiene derecho a decir que si hay un Dios debe ser finito ya que hay maldad en el mundo, y por qué razón nuestras mentes cansadas "no aceptarán menos que una completa armonía de su experiencia".[9] Anteriormente hemos señalado que trató de justificar su posición mediante *un argumento a priori* contra los tipos de metafísica opuestos, ya que presuponen una metafísica para empezar. Aquí vemos que la única respuesta que

---

8 F. C. S. Schiller, *Op. Cit.* p. 84
9 F. C. S. Schiller, *Op. Cit*, p. 91.

un voluntarista puede dar a nuestras muchas preguntas es que simplemente sucede o que él es lo suficientemente poderoso como para hacer que las cosas sucedan. Ahora bien, este mismo hecho de que el pragmatismo no puede prescindir de una metafísica parece ser suficiente para neutralizar su voluntarismo, ya que hay entonces alguna característica del universo que debe justificar nuestra hipótesis; y somos una vez más libres de discutir con las armas del pensamiento ordinario la estabilidad de esta base.

Con nuestra armadura restaurada a regañadientes, ahora debemos proceder a sacar al pragmatismo de su última maniobra. Encontramos que la total anarquía reina supremamente dentro de su campo. Empezamos, dice Schiller,[10] sin ninguna determinación. "De hecho, podemos rehuir la afirmación de un determinismo absoluto, pero es cierto que no podemos decir qué hizo o determinó el carácter de la primera reacción, y que el primer establecimiento del hábito de reacción es un asunto de inmensa dificultad".[11] Pero no nos alarma esta dificultad. Como con Alicia en el país de las maravillas las cosas simplemente suceden, a menudo, si no siempre, a nuestro deseo. Mientras tanto, a medida que el organismo se desarrolla y su necesidad de una "completa armonía de experiencia" se vuelve más urgente, debe aprender por sí mismo la lección de que las cosas simplemente suceden. Postula que dos más dos son cuatro porque necesita la aritmética; postula una uniformidad de la naturaleza, una teleología, un Dios y ahí están. En resumen, el pragmatismo con su supremacía de la voluntad, su insistencia en la indeterminación, se ve obligado a sostener que todo el orden y la racionalidad que vemos o pensamos que vemos y experimentamos se ha producido por casualidad. Nuestro cosmos intelectual, así como el universo físico, flotan libremente "en un mar de lo desconocido",[12] como abandonados a la deriva en un mar sin orillas.

Ahora bien, no parece haber ninguna buena razón por la que debamos aceptar tal visión del universo, mientras que la racionalidad

---

10 **Nota del editor**: Ferdinand Canning Scott Schiller (1864-1937) filósofo pragmático germano-britanico, considerado uno de los padres fundadores del pragmatismo, junto con Dewey y Peirce.
11 Idem., p. 56.
12 Idem., p. 57.

que forma parte de nuestra naturaleza hace que sea más razonable creer que el orden que observamos o experimentamos no se ha producido por casualidad. La unidad de nuestras naturalezas por la que abogan Schiller y otros, se opone a una metafísica del azar. Schiller lo admite cuando dice: "Por haber logrado conectar nuestro aparato cognoscitivo con las funciones anteriores de la conciencia por medio del principio del postulado, cualquiera puede preguntar la razón por la cual deberíamos ser capaces de sentir y tener voluntad, Y así me conducirá gradualmente de regreso al sin forma, sin sentido, e indiferente vacío que se concibe como anterior a toda evolución. Que esta dificultad ocurra en todas las teorías no es una respuesta y un pobre consuelo."[13] Al negar la validez de la metafísica que comienza con nuestra experiencia y busca los presupuestos de ella, el pragmatismo se vio obligado a elevar la mera posibilidad al estado metafísico más alto imaginable. Esto no deberíamos esperarlo desde un punto de vista que aboga con tanto celo por aferrarse a lo real y, sin embargo, tal parece ser el resultado natural de su posición. Schiller y James infundirían optimismo en nuestras almas al decir que podemos ignorar las antinomias que han acosado a una mente incompetente ya que no tienen sentido para nosotros, pero parecería que el pesimismo es el resultado si no hay una esperanza razonable de que haya un racionalidad última en la base del universo que justificará tales organismos que pueden aceptar nada menos que una unidad completa de experiencia. Consideramos entonces de gran importancia práctica continuar nuestra búsqueda del Absoluto; parece una necesidad biológica para el organismo humano.

---

13 Idem., p. 25.

CAPITULO TRES

❖

LA EXPERIENCIA, ¿UN CAMINO HACIA DIOS?

En nuestro argumento positivo ahora podemos ser breves. Muchos ladrillos yacen preparados para ser tomados y colocados en las paredes de nuestra estructura. Tanto el pragmatismo como el idealismo han enfatizado un aspecto de la verdad. El primero nos ha enseñado a no sacrificar nuestra experiencia temporal a las exigencias de una lógica a priori, mientras que del segundo hemos aprendido que yendo al otro extremo de elevar la voluntad a un poder más alto, volveremos con la pena de que no podemos satisfacer una voluntad aparte de la razón. Creemos que tanto el idealismo como el pragmatismo son débiles en el énfasis excesivo de un aspecto de nuestra experiencia. Con el profesor Pringle-Pattison[14] tomaremos como punto de partida, como apuntábamos al principio, "la realidad de las apariencias". Es decir, el universo responderá en última instancia a las múltiples demandas de nuestra naturaleza, no porque exigimos sino porque podemos exigir. Expresado de otra manera podemos decir que comenzamos con la validez del conocimiento humano. La discusión anterior nos ha enseñado qué debemos entender por ese término. No implica un apriorismo sino el uso de nuestra facultad de razonamiento sobre nuestra experiencia para ver qué presuposiciones implica.

Empezamos en consecuencia sin presuposiciones. Aquí está nuestro pedacito de realidad temporal llamado universo o mundo. Todo lo

---

14 **Nota del editor**: Andrew Seth Pringle-Pattison (1856-1931) filósofo escoces, el cual consideraba la filosofía una empresa seria del espíritu humano, así como no encuentra una diferencia entre "religión" y "moral".

que podemos ver o experimentar se mueve y cambia. Sin embargo, en nuestra naturaleza existe el impulso de la racionalidad y el sistema; es decir, no necesitamos tener un conocimiento exhaustivo por nosotros mismos, pero la naturaleza del conocimiento parece exigir que haya un sistema en alguna parte. Empezamos, como dice Schiller, con nuestra pequeña isla de realidad y presente. ¿De qué está rodeada esta pequeña isla, con la mera posibilidad? Hemos visto que Schiller considera ese mar de posibilidades como la fuente del pesimismo. El pragmatismo de todas las filosofías enfatiza lo real como lo único en lo que tenemos interés. Pero ahora se ve obligado a pensar en la mera posibilidad como si tuviera un significado independiente. Partiendo del mismo presente con el que comienza el pragmatismo, consideramos más razonable presuponer una realidad completa y un presente del que se deriva lo que conocemos. Estaríamos de acuerdo entonces con el profesor A. N. Whitehead[15] en que el carácter proteico del presente tal como se manifiesta en el universo nos obliga a presuponer una racionalidad para explicar la determinación y el orden en el mundo.[16] Piensa que se requiere una entidad real pero no temporal a la que podamos atribuir la fuente de este orden. Es decir, la serie temporal de experiencia en sí misma no se explica por sí misma. La completa indeterminación con la que comienza Schiller no puede por sí misma sino por accidente conducirnos hacia la determinación y la tendencia. Whitehead sintió esto, pero no parece haber llevado su argumento de manera consistente. Siente la necesidad y se esfuerza por conseguir un Dios trascendente porque la serie temporal no puede prescindir de él, a no ser que provenga del caos y la casualidad, pero pronto define a Dios como una "función" y un "elemento" de la experiencia humana. Su Dios es después de todo un principio universal en la experiencia y por lo tanto junto con la serie temporal ha llegado por casualidad.

Esto nos enseñaría la verdad de la afirmación de Watson de que la mínima experiencia coherente presupone una racionalidad completa. Cualquier cosa menos que eso no se puede hacer ya que depende de la serie temporal y viene por casualidad. O si se dijera que

---

15 **Nota del editor**: Alfred North Whitehead (1861-1947) fue un matemático y filósofo inglés, el cual es reconocido como la figura máxima de la filosofía del proceso
16 *Religion in the Making*, p. 92, Lowell Lectures for 1926, N.Y. 1926.

la serie puede extenderse infinitamente sin un principio definido, basta con observar en este punto que, en lo que respecta a nuestra experiencia el azar es entonces más último que la racionalidad. A. E. Taylor plantea claramente la alternativa: o aceptas la prioridad de lo real sobre lo potencial o te preparas para afirmar que puedes concebir la posible inexistencia de cualquier realidad.[17]

Comenzando como lo hicimos con la suposición de la validez del conocimiento humano, hemos encontrado que esta suposición implica la existencia de una experiencia completamente real. Por lo tanto, ahora podemos decir que el conocimiento humano presupone el Absoluto. Si nuestro argumento ha sido correcto, entonces todo el tiempo hemos sido capaces de buscar el Absoluto porque en realidad la racionalidad de nuestra experiencia con la que comenzamos encuentra su fuente en Él. No seríamos capaces de juntarlos si no estuvieran relacionados en el fondo; la racionalidad que poseemos no tendría sentido sin Dios. No seríamos capaces de hacer preguntas sobre el Absoluto o sobre cualquier otra cosa sin que el Absoluto sea la fuente de nuestra capacidad. Por lo tanto, de ahora en adelante diremos que debemos presuponer el Absoluto del teísmo si nuestra experiencia ha de tener sentido, sin olvidar que fuimos llevados a esta presuposición por un argumento trascendental que comenzó con nada más que lo que el pragmatismo también da por sentado, a saber, organismos humanos en un entorno espaciotemporal.

Un resultado muy importante de esta línea de razonamiento es que nunca podemos esperar explicar todas las dificultades involucradas en la concepción de la relación de Dios con el mundo. Estas dificultades son muchas y enormes, pero no están en condiciones de hacernos daño. Cuando dijimos que la menor experiencia de coherencia implica una racionalidad completa, no implicamos que sea posible para la razón humana llegar alguna vez a una comprensión de esta racionalidad. Más bien al contrario, todo lo que hemos logrado es ganarnos el derecho a creer en una experiencia completamente real en la que está el sistema de conocimiento. Nuestra crítica al idealismo será que, con la misma exigencia de

---

17 Hastings, *Encyclopedia of Religion and Ethics*, Artículo sobre "Theism," p. 273.

racionalidad completa, está obligado, en virtud de su apriorismo, a sostener que la humanidad puede, en algún momento, tarde o temprano, esperar alcanzar el conocimiento completo. Esto puede servir para distinguir entre el teísmo cristiano y el idealismo. La rivalidad entre ellos no es tanto cuál está menos acosado por las dificultades, porque en ese sentido ambos tienen suficiente y más de lo que pueden manejar, sin embargo la pregunta es cuál puede pretender ofrecer alguna explicación a todas. El teísmo cristiano hace la audaz afirmación de que ninguna otra filosofía puede explicar la realidad en ningún sentido, ya que sobre su base Dios y el hombre pueden ser aspectos de la misma realidad. Ahora bien, en cierto sentido es posible llamar a un aspecto de la misma realidad más último o fundamental que otro, pero no parece posible llevar tal distinción lo suficientemente lejos como para justificar la interpretación de un aspecto en términos del otro completamente. Sin embargo, es lo que debe hacerse si se lleva a cabo el apriorismo del pensamiento idealista, ya que entonces el tiempo debe ser reducido al orden. Por otro lado, si no se intenta interpretar un aspecto en términos de otro, sino que deseamos sólo una implicación mutua de los aspectos, finalmente nos vemos reducidos a violentar nuestra naturaleza, ya que entonces debemos volver al azar y a la mera posibilidad como se ha visto en la discusión anterior. Pero que quede bien entendido que, aunque no dudamos en decir que el idealismo no puede aspirar a alcanzar su ideal de racionalidad completa, no pretendemos que el teísmo cristiano pueda explicar nada más si por explicar entendemos la resolución de problemas lógicos. En pocas palabras, así como un niño señala a su padre como fuente de información y explicación, el teísmo pide el derecho de apelar a una lógica superior a la nuestra. El idealismo no puede reclamar tal refugio ya que ha establecido el patrón de toda experiencia posible en la mente humana. El resultado natural de su razonamiento *a priori* es que no puede haber una experiencia que sea diferente de la nuestra excepto en cantidad. De ahí que su ideal de racionalización completa siga siendo el de la lógica formal, solución de todas las dificultades. Cuán lejos está el idealismo de esperar alguna vez realizar su ideal, nos lo pueden decir las constantes apelaciones al misterio; mientras que en la medida en que ha renunciado a su ideal, tiene que enfrentarse a los peligros que hemos visto que acechan en el pragmatismo.

Si el Absoluto del teísmo es, por tanto, la hipótesis más razonable para la explicación del fenómeno de la coherencia en nuestra experiencia, se sigue que todo el conocimiento humano se recibe de la revelación. Dios se revela en la naturaleza y el hombre según la capacidad del hombre. La esencia de Dios le es completamente conocida a él mismo pero nunca puede ser así conocida por el hombre, o el hombre tendría que ser igual a Dios. Así, la idea de un Dios trascendente es básica para la idea de un Dios inmanente. El término trascendencia es, por supuesto, por nuestra parte relativo al término inmanencia, pero eso no altera el hecho de que ninguno de ellos podría tener para nosotros una connotación inteligible excepto bajo la presuposición de un Absoluto autosuficiente. Lo mismo se aplica a términos como absoluto y relativo, tiempo y eternidad. Si no podemos concebir que el primero de ellos tenga en cada caso un significado positivo o independiente aparte de los correlativos últimos a través de los cuales podemos acercarnos a ellos, no podría haber inteligencia en tales antítesis en absoluto. De nuevo, no estamos tratando de establecer esto sobre la necesidad lógica de prioridad o significado positivo, pero es una deducción de la hipótesis de un Dios absoluto que nos hemos visto obligados a hacer por las razones dadas anteriormente.

La noción de un Dios autosuficiente se convierte así en un factor determinante en todo nuestro pensamiento. Hemos llegado a la noción misma mediante un argumento trascendental, pero una vez que la tenemos no podemos modificarla a menos que encontremos que nuestro razonamiento por el cual llegamos a la concepción al principio era erróneo. El profesor W. E. Hocking[18] expresa esta verdad diciendo que si alguna vez hemos tenido experiencia de Dios, influirá en todo nuestro pensamiento futuro.[19] "Si Dios ha sido conocido una vez, el mundo y el yo deben ser vistos a partir de entonces bajo el examen de esta experiencia. Soy capaz de reflexionar sobre cualquier sistema del yo del mundo porque y solo porque ya he experimentado algo más allá de él". Es decir, Dios se convierte para nosotros en la categoría suprema y últimamente

---

18 **Nota del editor**: William Ernest Hocking (1873-1966) fue un filósofo idealista de la Universidad de Harvard, continuó el trabajo de su maestro Josiah Royce relativo a la revisión del idealismo con el objetivo de integrarlo al empirismo, naturalismo y el pragmatismo.
19 *The Meaning of God in Human Experience*, p. 473, New Haven, 1912.

interpretativa de toda experiencia humana. Para dar sólo una ilustración para resaltar esta idea. F. C. S. Schiller dice que cuando nos encontramos con dificultades tales como las que implica un intento de armonizar la presencia del mal con la existencia de un Dios omnipotente, simplemente eliminamos este último. Pero ese procedimiento, si nuestro argumento anterior era correcto, elimina también el conocimiento humano, por lo que nos aferramos a nuestra hipótesis y buscamos por medio de hipótesis secundarias el significado del mal y si no somos capaces de explicarlo todo, nosotros, como explicamos arriba, no renunciamos a la esperanza de la completa racionalidad, sino la encontramos solo en Dios. Con el bosquejo general anterior del teísmo cristiano como nuestro estándar, ahora procedemos a una crítica del idealismo. Ya hemos notado que formalmente hay mucha similitud entre el Teísmo[20] y el Idealismo; ambos mantienen la prioridad de lo real a la posibilidad. Pero cabe señalar que los dos sistemas mantienen esta prioridad principalmente por diferentes razones. El idealismo se aferra a esta fórmula debido a un análisis de la naturaleza del juicio. Creemos que el idealismo es a todos los efectos correcto en su análisis no tanto porque nos convenza el análisis mismo sino porque para nosotros la serie de la experiencia del tiempo es inexplicable sin la presuposición de Dios. Partiendo de esa dirección, nuestra afirmación es corroborada por el análisis de la naturaleza del juicio que revela exactamente lo que esperamos que revele, a saber, que la unidad es fundamental, si no anterior, a la diversidad. La distinción entre las diferentes vías de argumentación señaladas es importante porque nuevamente apunta a una diversidad subyacente entre el idealismo y el teísmo. Este último no depende de un argumento a *priori* peligroso e inválido. Tal como lo emplea la lógica idealista, el argumento del análisis del juicio implica que podemos confiar sólo en él cuando buscamos conocer la naturaleza de la realidad. Además, también implica que toda experiencia posible es de un tipo, como se señaló anteriormente. Esto es extremadamente peligroso de admitir para cualquier filosofía teísta. De inmediato golpea la raíz de una distinción cualitativa entre Dios y el hombre; pronto comenzamos a hablar de la realidad de la cual Dios y el hombre son aspectos. Además, dado que nos resulta difícil deshacernos

---

20   Omitiremos el adjetivo "cristiano".

de nuestra experiencia temporal, pronto comenzamos a sostener que toda la realidad es esencialmente abstracta y que estamos ya camino hacia el pragmatismo, pues el tiempo se convierte entonces en un aspecto de ella.

Para rastrear esta línea de pensamiento con más detalle. La naturaleza misma del juicio, dice Bosanquet, es que la unidad subyace a toda diferencia.[21] Por unidad no se entiende una unidad o identidad abstracta; más bien al contrario una unidad concreta que implica diferencia. Siete más cinco es igual a doce es el tipo de todos los juicios en cuanto que es una eterna novedad. Bosanquet busca con este análisis escapar del atomismo en la lógica y la metafísica que trata de armonizar las cosas que son independientes. Este atomismo se revela especialmente en el indeterminismo, pero la fórmula de Bosanquet está calculada para encontrarlo también en esta forma, ya que no podría haber nada nuevo a menos que partiera de alguna base en el pensamiento o en la realidad. El enemigo de todo idealismo cuerdo es, por lo tanto, buscar un futuro que no esté conectado con el pasado. Admitiremos que parece una posición extrema sostener que esta teoría del juicio debe llevarnos al pragmatismo si se lleva a cabo de manera consistente. Sin embargo, este parece ser inevitablemente su curso.

Sostenemos que el idealismo moderno presenta en gran medida la misma historia que el idealismo antiguo; una maravillosa estructura lógica que va cediendo lentamente a la presión de una experiencia que no encaja en ella. Platón[22] comenzó con el ideal de la racionalización completa por la fuerza de la lógica, pero el mal, el tiempo y el espacio se volvieron demasiado fuertes para él. Fue en esta coyuntura crítica de pensamiento que Platón apeló a la mitología y la teología como segunda opción y formó a su dios para dar cuenta de lo que las 'Ideas' no podían explicar.[23] Así nos parece

---
21 *The Essentials of Logic*, p. 79. London 1920. Cf. también su *Logic*, 2 vol., Oxford, 1888 y *The Meeting of Extremes in Contemporary Philosophy*, Capítulo sobre 7 mas 5 igual a 12, London 1921.
22 **Nota del editor:** Platón (427a.c - 347a.c) es considero uno de los tres grandes filósofos griegos (Sócrates, Platon, Aristoteles) el cual es el creador de la teoría de las "Ideas", así como del primer concepto de república; fundador de la Academia, institución que perdurara por más de novecientos años.
23 P. E. More, *The Religion of Plato*, p. 40 ss., Princeton, 1921.

que el idealismo, teniendo en cuenta ante todo las exigencias de la lógica, construye su sistema. Entonces, ante las mismas dificultades que asolaron el pensamiento de Platón, el Idealismo se enrosca bajo una ambigüedad en el término Absoluto. Según su significado más fundamental, el Absoluto para el Idealismo es idéntico a toda la Realidad. A lo largo de su lógica y metafísica busca constantemente una coherencia entre los aspectos de una realidad general que se da por sentada como última. Pero aunque el Absoluto como un todo es la concepción más fundamental del Idealismo, el Absoluto como el Más Allá ha sido la noción que parecía estar más lista para usar. La obra maestra de la metafísica de F. H. Bradley[24], podía encontrar la realidad sólo o principalmente en un Más Allá. Las dificultades lógicas involucradas en las concepciones del espacio, el tiempo, el yo, etc. Ofrecieron razón suficiente para que Bradley[25] las condenara a la "apariencia", de una realidad que está más allá y en la que las dificultades inherentes a las "apariencias" se resolverán de alguna manera. Bradley, sin embargo, podría ser acusado de usar la *vía negationis*[26] de la escolástica, pero encontramos que incluso Bosanquet, quien dice abiertamente que debemos argumentar positivamente a partir de las implicaciones de nuestra naturaleza para la naturaleza del Absoluto, tiene la misma opinión que Bradley. Como seres humanos, no debemos dejarnos llevar por la impermeabilidad de nuestra personalidad; hemos de convertirnos en focos a través de los cuales se revela el Absoluto; hemos de ser "adjetivos" de un Más Allá. Nada revela tan convincentemente la tensión del acosmismo que atraviesa el pensamiento de Bosanquet como la proporción inversa que él mantiene que existe entre el propio interés del individuo y su amor por el Absoluto.[27] Hasta que el individuo no pierde su propio interés, no siente el "el esfuerzo hacia el todo". "La unidad no insiste en su carácter finito o aislable. Mira, como en la religión, de sí mismo y no a sí mismo, y no pide nada mejor que perderse en el todo que es al mismo tiempo lo

---

24 Appearance and Reality.
25 **Nota del editor**: Francis Hebert Bradley (1846-1924) filósofo britanico exponente del idealismo absoluto, un pensamiento situado históricamente en el marco del idealismo alemán, el cual su mayor exponente fue G.W.F Hegel.
26 Vía negationis, hace referencia al argumento que se sigue, principalmente de la teología, para llegar a conocer a Dios por lo que no sabemos.
27 **Nota del editor**: *The Value and Destiny of the Individual*, p. 153, London 1913.

mejor de sí mismo".[28] Lo mejor para el individuo es perderse en el todo. Es cierto que también hay un individuo que se realiza en el todo, pero este último individuo ha renunciado por completo al primero, que estaba inclinado a sus propios intereses. Ahora bien, puede decirse que el individuo humano, según Bosanquet, forma un aspecto del todo, más que una aparición momentánea o foco temporal de un Más Allá. Pero en ese caso, el Absoluto también se convierte en un aspecto del todo, ya que un aspecto requiere un contra aspecto y no parece haber una buena razón para referirse a él como el Más Allá en términos de los cuales debe interpretarse la personalidad finita; ¿Por qué debe interpretarse un aspecto en términos de otro aspecto? Luego, además, en la medida en que a menudo se habla del Absoluto como revelándose a sí mismo, siendo considerado como personal o impersonal, y en la medida en que se habla de esta revelación como inexplicable, el Absoluto se ve muy claramente como el más allá. Incluso cuando se habla bastante consistentemente del Absoluto como el todo, este todo en sí mismo se convierte en un Más Allá, ya que el ser humano, el tiempo y el espacio deben hacer metamorfosis para ser tomados en él.

Vemos entonces que tanto Bradley como Bosanquet han seguido los pasos de Hegel y han hecho poca justicia a la realidad temporal. Se permite dignificarse con el título de aspecto de la realidad, pero qué aspecto tan insignificante. En resumen en su tensión acosmista el idealismo se ha esforzado por intelectualizar todas las categorías de poder y fuerza. No podemos dejar de pensar que si el idealismo fuera serio acerca de que el tiempo es un aspecto del todo, no podría tolerar un proceso de tal intelectualización. El Absoluto como más allá es el fruto del apriorismo contra el cual se opuso el pragmatismo. Es el producto de una lógica que, si se lleva a cabo, debe destruir la apariencia misma del espacio y el tiempo. Por eso el Teísmo y el Pragmatismo se oponen igualmente al Más Allá del Idealismo. Naturalmente, el idealismo no aceptará la crítica de que hace injusticia a cualquier aspecto de la experiencia. La base de nuestra crítica, se nos dice, es que elevamos el tiempo y el espacio a una realidad independiente, mientras que son solo aspectos subordinados del todo. El idealismo incluso parecería

---

28   F. H. *Bradley in Mind*, N.S.V. 19, p. 154.

superar al pragmatismo en su reverencia por la realidad, ya que dice que no tenemos derecho a cuestionar el origen de ningún aspecto de ella, sino que debemos tomarla como dada y última. Pero hacer esto con la experiencia del tiempo es bastante difícil. Por lo tanto, vemos al Idealismo, para estar a la altura de sus demandas, buscando transformar la experiencia del tiempo en un aspecto de una realidad atemporal. Por un lado, se nos dice que la causalidad es una categoría que se da sólo entre fenómenos y no se puede aplicar a la realidad como un todo.[29] Esto es cierto pero bastante irrelevante. Apenas se encontrará a alguien que pretenda aplicar la categoría de causalidad a la totalidad de la realidad. El teísmo piensa que se aplica a la totalidad de la realidad temporal, pero claramente afirma que la realidad temporal no es la totalidad de la realidad. Otras formas de pensamiento que destacan la realidad del tiempo y la posibilidad de un comienzo absoluto y al mismo tiempo sostienen que la realidad temporal es la totalidad de la realidad, deben sostener que la realidad llegó por casualidad, en cuyo caso tampoco se puede hablar de causalidad. Debido a la falta de distinción clara entre la realidad última en la que se incluye el tiempo y la realidad última en la que se excluye el tiempo, se acusa que la causalidad se aplica a la realidad como un todo.

En cuanto al idealismo mismo, parece que aquí tropieza con graves dificultades. La realidad que nos dice McTaggart[30] debe ser atemporal; es la exigencia de la lógica.[31] Pero también, lo que llamamos experiencia temporal debe ser un aspecto de esa realidad atemporal. La dificultad es tan grande, dice McTaggart, que casi se desespera. La realidad atemporal es completa en sí misma. Entonces, ¿por qué la aparición del tiempo en absoluto? Esto es entonces irreal. O la apariencia del tiempo tiene algún significado, pero entonces la realidad atemporal estaba incompleta y lo real ya no es anterior a lo potencial. De ahí que se haga el intento de interpretar el tiempo enteramente en términos de lo atemporal. Esto parece como si el último se interpretara en términos de otro último.

---

29   J. E. McTaggart, *Mind*, N.S.V. 24, p. 326.
30   **Nota del editor**: Jhon McTaggart Ellis McTaggart, fue un filósofo idealista inglés, seguidor ferviente de la filosofía de G.W.F Hegel.
31   J. E. McTaggart, *Mind*, N.S. 2. artículo, "Time and the Hegelian Dialectic".

Otro ejemplo de la misma variedad de acosmismo lo encontramos en la discusión del profesor Bosanquet sobre el valor y el propósito.[32] Todas las categorías que se derivan de nuestra experiencia temporal, como la teleología o el propósito, no pueden tener significado en la experiencia absoluta ya que el Absoluto no está sujeto a nuestras dificultades. El Absoluto no necesita, por ejemplo, usar medios para la realización de un propósito. De ahí que podamos hablar de valor pero no de propósito en el caso del Absoluto. Pero seguramente esto se parece demasiado a una filosofía de "afirmaciones y reconvenciones" para obtener nuestra adhesión. Bien podemos ver cómo la dificultad se vuelve insoluble sobre bases idealistas. Como se dijo antes, la naturaleza *a priori* de su pensamiento hace imposible concebir un ser que no esté sujeto a las categorías de nuestra experiencia pero para quien estas categorías todavía tengan un significado. Sin duda hay aquí una dificultad lógica pero que no debe llevarnos a negar la posibilidad de tal Ser. Decir que toda experiencia posible debe ser de un tipo conduce en este caso a elecciones de "esto o lo otro", que no podemos sostener en nuestro pensamiento.

---

32 *The Principle of Individuality and Value*, Lect. 4.

CAPITULO CUATRO

❖

LA INCOMPRENSIBILIDAD DEL "TODO" EN EL IDEALISMO

El propósito por el cual hemos puesto al descubierto esta tensión acosmista en el idealismo es mostrar que incluso aquí donde tiene la mayor semejanza formal posible con el teísmo, en el fondo no es en absoluto lo mismo. Los críticos de todos los sistemas han lanzado sus invectivas indiscriminadamente al Dios del Teísmo y al Absoluto del Idealismo. Para ellos, Dios y el Absoluto son igualmente trascendentes y funcionalmente sin valor y, por lo tanto, deben ser destruidos.

Pero ya hemos indicado que el Más Allá del Idealismo es bastante distinto del Más Allá del Teísmo. Este último no es producto de *un pensamiento a priori* y por eso no pide destrucción de la realidad espacio-temporal ni siquiera transmutación alguna. Por el contrario, es un concepto obtenido argumentando de forma trascendental y, por lo tanto, necesario para la realidad de la experiencia temporal. Por eso también debe existir, y es funcionalmente importante, por lo que todavía es demasiado pronto para hablar de la "obsolescencia del Eterno".[33] Por otro lado, la crítica al Más Allá del Idealismo sólo ayudó a su descenso más rápido a un principio inmanente dentro de la experiencia temporal.[34] La reacción contra el Más Allá del Idealismo estaba destinada a llegar y parece justificada. Ya no

---
33 Lovejoy, *Phil. Rev.* V. 18, 1909, p. 479.
34 Cf. S. F. Davenport, *Immanence and Incarnation*, Cambridge, 1925; también J. Caird, Fundamental Ideas of Christianity, Glasgow, 1899; y W. H. Moberly, "God and the Absolute," en *Foundations* ed. by B. H. Streeter, London, 1915.— Nota del editor: La ubicación exacta de esta nota a pie de página no está clara en el texto original.

encontramos tanto énfasis en el Más allá como antes. Varios idealistas han sostenido que Dios habría permanecido parcialmente oculto para sí mismo si no se hubiera manifestado en la realidad espacio-temporal. Este parece ser el resultado lógico del pensamiento de Hegel[35] cuando habla del desarrollo dialéctico del Absoluto. Según la ley eterna, encontramos que el Absoluto se revela en ti y en mí como focos cuando han llegado las configuraciones adecuadas. Así vemos que la revelación del Absoluto dentro de nosotros depende de un impulso necesario dentro o incluso más allá de su ser.

Deberíamos estar muy seguros en este punto de no hacer injusticia al idealismo. Por lo tanto, nos complace descubrir que una autoridad como J. Watson justifica nuestra conclusión de que el Más Allá del Idealismo no puede durar mucho tiempo.[36] Él critica a Bosanquet precisamente en este punto; Su argumento es que, en la medida en que Bosanquet nunca ha negado abiertamente y al mismo tiempo implicado positivamente que nuestro conocimiento es absoluto, no en el sentido comprensivo, sino en principio, no tiene derecho a un Absoluto que es Más Allá en ningún sentido.[37] Watson sostiene claramente que la teoría idealista del juicio implica que podemos esperar razonablemente poder definir la naturaleza de toda la realidad. Lo real es racional y lo racional es real, lo toma muy literalmente para sí mismo y claramente muestra que en eso él es representante de la lógica idealista en general. El Sr. Carrol hace esencialmente la misma crítica y agrega que aún así Bosanquet "falló en negar que haya algún sentido real en el que podamos hablar de un sujeto último". Esta crítica parece justa cuando recordamos que el propio Bosanquet hace del todo, y no del Más Allá, el sujeto de toda predicación. Si somos "adjetivos" del todo, el Más Allá no puede ser más.

Hablar del Absoluto como un aspecto del todo que se revela equivale a preguntar por qué una parte del todo se revela en otra parte del todo. Sostenemos entonces que la debilidad de la lógica

---
35 **Nota del editor**: Georg Wilhelm Friedrich Hegel (1770-1831) fue un filósofo idealista alemán, el último de la "modernidad", el cual inventó un método de razonamiento llamado "dialéctica", el cual concibe la filosofía como un resultado histórico.
36 J. Watson, *Phil. Rev.* V. 4, 1895, pp. 353ss; pp. 486ss. and *Phil. Rev.* V. 34, p. 440.
37 M. C. Carrol, *Phil. Rev.* V. 31, 1921, "The Nature of the Absolute in the Metaphysics of B. Bosanquet," p. 178.

idealista radica en su apriorismo, su desprecio por el hecho de que nosotros, como seres dependientes temporal y físicamente, no podemos estar seguros de haber encontrado leyes de pensamiento que deben cumplirse para toda experiencia posible. Es muy posible que el Idealismo Objetivo diga que encuentra pero no hace estas leyes y por lo tanto no puede evitar que sean eternas. Pero esto no elimina nuestra objeción ya que el sujeto humano todavía está involucrado en el sentido de que asume el poder de pronunciar estas leyes como válidas de la misma manera tanto para Dios como para el hombre. Cuando la lógica *a priori* se deja imponer libremente. Dios y el hombre se vuelven aspectos igualmente necesarios de toda la realidad. Ahora bien, con el término correlatividad no queremos decir que el Idealismo quiera hacer iguales a Dios y al hombre. Dios siempre se concibe como infinitamente mayor que el hombre y es muy posible mantener esto en el sentido de que un universal que se encuentra en muchos particulares es mayor que cualquier particular. Todo lo que nos interesa señalar ahora es que sobre una base idealista no se puede llegar a la concepción de un Dios que es Absoluto. Por correlatividad entre Dios y el hombre entendemos lo que Pringle-Pattison quiere decir cuando dice: "Incluso suponiendo que se postula que una experiencia divina corresponde a objetos que no conocemos, implica en el caso de cualquier supuesto objeto, la identidad o al menos la completa semejanza del modo de experiencia divino y humano."[38] Parece que McTaggart ha sacado la conclusión lógica de la teoría idealista del juicio. Reduce el Más Allá al universal lógico dentro de una pluralidad de individuos. La unidad en su sociedad es tan fundamental como la pluralidad pero la pluralidad es también tan fundamental como la unidad; de ahí la preexistencia del individuo humano y la atemporalidad de la realidad.

La crítica constante del teísmo que postula la existencia de un Dios trascendente que tenía significado para sí mismo aparte de la existencia real del mundo, es que tal concepción no solo es arbitraria sino bastante imposible ya que los términos absoluto y temporal son relativos. Este argumento formal es exactamente el negativo del positivo utilizado en la construcción del sistema idealista.

---

38 *Mind*, N.S.V. 28, p. 5.

Por tanto, no estamos haciendo ninguna injusticia al Idealismo cuando decimos que sobre la base de la lógica formal establece la correlatividad entre Dios y el hombre.

Ahora bien, en la tensión acosmista que impregna el Idealismo, esta correlatividad no fue abandonada. McTaggart nos eleva a todos al nivel no temporal con el Absoluto allí para disfrutar con él de los mismos derechos ciudadanos. De hecho, cuando se eleva a esta tenue atmósfera de acosmismo, la correlatividad inherente al idealismo encuentra más difícil ocultarse que en el aire más denso de la realidad temporal de abajo. Para McTaggart, Dios es el universal lógico inmanente en todos los particulares o, de lo contrario, se convierte él mismo en uno de los particulares. Ahora , sobre esta base no es posible sostener que el Absoluto tiene algún significado excepto el que se encuentra plasmado en los particulares. Nuevamente, es bastante cierto que el idealismo no desea ir tan lejos con su énfasis en la inmanencia. Continúa hablando del Absoluto como "autoconsciente" y "personal".[39] Pero, ¿tiene derecho el Idealismo a tal Absoluto? Parece que no; un universal lógico tiene sentido sólo por y para los particulares en los que se manifiesta.

Para resumir nuestra crítica al idealismo hasta ahora, puede decirse que el idealismo, por su lógica *a priori* ha cerrado la posibilidad de hacer justicia a la experiencia temporal y por ello no ha podido desarrollar la necesidad de un Absoluto mediante argumento trascendental. Todavía sintiendo muy fuertemente la necesidad de un Absoluto, ha buscado encontrarlo sobre la base de una lógica *a priori* y formal solamente, es decir, el Idealismo buscó analizar la naturaleza del juicio y construir la realidad sobre esa base. En este procedimiento no podía dejar de hacer la diferencia tan fundamental como la unidad. Esto en sí lo concederíamos, pero se suponía que la diferencia de tiempo era fundamental. La realidad es esencialmente sintética, dice Bosanquet. El corresponsal metafísico de este análisis lógico es que el hombre, temporalmente dependiente, es necesario para la existencia de Dios. Fue este procedimiento lógico el que hizo imposible que el idealismo

---

39 Pringle-Pattison en su "*Idea of God*" también quiere que Dios tenga un significado más allá de lo que se revela en nosotros.

obtuviera una unidad anterior y fundamental a la diversidad; no se pudo encontrar ningún Absoluto. Dicho de otro modo, el idealismo no podría aferrarse a su propio ideal de prioridad de lo real sobre lo potencial; lo lógicamente sintético, si tal concepción puede tener sentido, resultará ser lo temporalmente sintético en manos de los hombres y una vez en este declive aterrizara en el mar de la nuda posibilidad.

CAPITULO CINCO

CRITICA AD HOMINEM DEL IDEALISMO, EN FAVOR DEL TEISMO

Ahora bien, esta crítica *ad hominem* al idealismo, si es justa y precisa, brinda un gran apoyo a la concepción del Dios absoluto del teísmo como la unidad que realmente une y lo real que es realmente anterior. Nuevamente, no decimos que no haya dificultades involucradas en la concepción, pero parece al menos responder a una demanda real de nuestro conocimiento y no violentar ninguna parte de nuestra naturaleza. No podemos comprender la concepción de la unidad en la pluralidad, pero parece claro que una unidad que no se basa en la actualidad completa no puede vincular, ya que debe unir lo que está separado como particularidades. Que esto sea así se sigue del hecho de que existe entonces una vaga posibilidad de que pueda surgir lo totalmente inesperado. Las nuevas entidades serían particulares que no tienen nada que ver con las antiguas. Por lo tanto, según el argumento idealista común contra el empirismo, esto es imposible. Es importante ver esto con claridad para mostrar que sólo una unidad basada en la actualidad atemporal completa del teísmo puede esperar ofrecer alguna coherencia en la experiencia. Pero nos apresuramos a añadir que tal unidad está más allá de la posibilidad de nuestra comprensión. En la doctrina cristiana de la Trinidad encontramos unidad y diversidad igualmente fundamentales, de modo que la unidad es concreta y no abstracta. Es sobre la analogía de esta unidad concreta en la diferencia que podemos concebir que toda la experiencia humana se construya y tenga significado sobre esa base.

Vemos entonces que tanto el teísmo como el idealismo han analizado nuestra experiencia concreta y han encontrado que tanto la unidad como la diversidad son fundamentales. Pero el teísmo encuentra que esto es verdadero y posible de la experiencia humana porque es verdadero en su prototipo, la experiencia divina que es atemporal y absoluta. Ahora bien, si se dice que el Idealismo también hace del Absoluto el prototipo de lo finito, esto es completamente cierto, pero la respuesta sería que el Absoluto del Idealismo no puede ser verdaderamente Absoluto. Para ello es necesaria la manifestación temporal en el hombre, como hemos visto. La diferencia en este punto tal vez pueda establecerse más claramente en que se piensa que el Dios del teísmo está relacionado con el mundo pero relacionado libremente. Ningún idealista se suscribe a esto; para tiene todas las implicaciones realistas de las relaciones exteriores. El idealismo responderá inmediatamente que ninguna relación puede ser libre. Pero decir eso es confiar únicamente en la lógica formal. Lleva a un apriorismo hasta la muerte de nuestra experiencia. No podemos hacer justicia al tiempo a menos que concedamos la posibilidad de un comienzo absoluto de la existencia fenoménica; detrás de él se encuentra o el vacío o un Dios completamente real. Tal fue nuestro argumento trascendental. Derrocar esto diciendo que todas las relaciones deben ser internas y necesarias es decir que la lógica abstracta puede dictar para toda experiencia posible, tanto divina como humana. La lógica abstracta no puede probar la existencia de un Absoluto, porque su absoluto debe estar relacionado, pero tampoco la lógica abstracta puede probar la inexistencia de un Absoluto.

La justicia de nuestra afirmación de que no es posible llegar a la concepción de un Absoluto sobre la base de una lógica idealista puede establecerse además citando los intentos de hombres como Lindsay y H. Rashdall[40]. Han reaccionado contra lo que les parecía el intelectualismo de Bosanquet; les parece imposible conseguir otra cosa que un panteísmo a partir del pensamiento de Bosanquet. Lindsay quiere una relación libre y no necesaria de Dios con el mundo,[41] y Rashdall insiste en que Dios ha creado el mundo por el

---

[40] **Nota del editor**: Hastings Rashdall (1858-1924) fue un filósofo, teólogo, historiador y sacerdote anglicano inglés, expuso y mantuvo una teoría conocida como "utilitarismo ideal"

[41] *Throughout Theistic Idealism*, pp. 1, 24, 152, 154, London 1917.

poder de su voluntad. Una vez insertado el término voluntad en su concepción de la relación de Dios con el mundo, piensa Rashdall, se habrá liberado de todo pensamiento panteísta.[42] Pero estos hombres dudan entre dos opiniones; sienten que la lógica idealista los lleva al panteísmo y por lo tanto tratan de combinar con él las fórmulas del teísmo. Es muy instructivo notar el resultado. Lindsay no quiere un Dios que sea "cósmicamente independiente", por lo que no puede retener bien su otra noción de una relación libre de Dios con el mundo. De manera similar, en el caso de Rashdall, la voluntad de Dios está estrictamente condicionada por la ley que está por encima de Dios y por el cosmos sin el cual Él no podría existir. En el acto de la creación, Dios no es la fuente de la posibilidad sino que desea lo mejor en una situación independiente; la posibilidad es mayor que Dios. Cuando llega la coyuntura crítica y Rashdall debe decirnos dónde encuentra la fuente de la moralidad, nos dice que la responsabilidad suprema del individuo no es a Dios como fuente de las leyes morales, sino a la ley moral misma o a la ley moral como de algún modo encarnada en la realidad como un todo.[43]

Así vemos que ni siquiera un intento honesto, junto con una pluma preparada, puede tener éxito para crear un Dios que tenga un significado aparte de la existencia del mundo si el punto de partida de la lógica idealista, la relación esencial entre el pensamiento y el ser; entre Dios y el hombre puede ser asumido. Si hemos adoptado una vez la correlatividad, como se explicó anteriormente como inherente a la concepción de las relaciones internas, el intento de insertar la idea de Dios como Absoluto es imposible. En consecuencia, decir que el mundo depende de Dios no puede tener mucho sentido ya que Dios también depende del mundo; no hay lugar para la operación de una voluntad de Dios. Es difícil ver por qué los hombres deberían seguir prefiriendo el término "creación" a "emanación" o "revelación", a menos que sea una confesión renuente de que el idealismo es un poco duro con nuestra experiencia.[44]

---

42   A. Rashdall, "Relig. Phil. of Pringle-Pattison," *Mind*, N.S.V. 28, 1918, p. 273. *Contentio Veritatis* p. 34, London 1902.
43   *Contentio Veritatis*, pp. 38, 39.
44   Pringle-Pattison, *Idea of God*, Capítulo sobre Creation.

Nuestra crítica al idealismo hasta ahora ha sido que elimina todas las categorías de poder y trata de intelectualizar la causalidad. Hace esto porque concibe la realidad como cualitativamente de una sola pieza. Intenta introducir distinciones cualitativas cuando ya es demasiado tarde; su dios puede, en el mejor de los casos, ser una contrapartida de nuestra experiencia. Podemos llamarlo el Más Allá por cortesía, porque él es el gran invisible dentro de cada uno de nosotros, incluso podemos hablar de él como una conciencia y deificarlo como en tiempos de guerra deificamos la bandera, pero él es, cuando se reflexiona con calma, nada más que una proyección del espíritu humano. No puede ser la categoría interpretativa más alta de la realidad. Tampoco tratamos realmente de hacerlo así. Hablamos, para estar seguros de que el mundo depende de Él porque fue creado por Él, pero cambiamos y reinterpretamos a Dios a medida que nuestra experiencia avanza. Decimos que un Absoluto que no podemos cambiar a medida que avanza nuestra experiencia no se necesita. Esto puede ser cierto, pero entonces no queremos un Absoluto en absoluto.

La implicación del argumento teísta, por lo tanto, es que el Absoluto para ser absoluto y ser una categoría que empleamos seriamente para la interpretación de la realidad no puede ser modificado a voluntad. Si lo modificamos, no es Absoluto; y ha perdido valor interpretativo. Como en tantos casos, el idealismo nos ha enseñado a aferrarnos a esta verdad. Solo que, afirmamos, que el teísmo ha sido más leal a esta verdad de lo que podría ser el idealismo; la lógica del Idealismo no deja lugar para un Absoluto.

Para corroborar nuestra alta reivindicación por el teísmo aquí, debemos recurrir a aquellos que han hecho la mayor parte de la verdad de que se debe presuponer un Absoluto y, en nuestra opinión, todavía no podrían tener éxito. B. Bosanquet critica el Neo-Idealismo que ha sustituido la verdadera intuición: "Si Dios no es, entonces yo no soy nada" por la otra afirmación: "Si Dios es, entonces yo no soy". "La razón", prosigue, "como he explicado en otra parte, creo que está en la comparación del pensamiento con el pensamiento y del pensamiento con la realidad, que es otro aspecto del rechazo a toda trascendencia".[45] Pasajes como este, provenientes de la pluma de un gran lógico, nos aseguran la corrección formal de nuestro argumento. A lo largo hemos sostenido que formalmente Idealismo y Teísmo están en cordial acuerdo. "Si Dios no es, entonces yo no soy nada", a lo que ambos darán fácilmente su asentimiento. Bosanquet se aferró hasta el final a la posición de que "la posibilidad está dentro de lo real, no la realidad dentro de lo posible".[46] De manera similar, E. Hocking dice que existimos conociendo el Absoluto y agrega la declaración significativa y determinante: "Si Dios ha sido conocido una vez, el mundo y el yo deben ser vistos a partir de entonces bajo el lente de esta experiencia".[47]

Lo que ahora necesitamos investigar, en consecuencia, es si Bosanquet y Hocking han hecho lo único que consideran indispensable, hacen a Dios como el Absoluto la presuposición de su pensamiento. Ahora bien, sostenemos que nadie ha supuesto un Absoluto a menos que esté Absoluto sea considerado como autosuficiente. Un Absoluto que es cósmicamente dependiente no es Absoluto. McTaggart considero esto muy profundamente; para él un Absoluto debe ser atemporal.[48] Pero como estaba obligado por su posición a considerar lo que al menos llamamos experiencia temporal como una parte indispensable del Absoluto, procedió a hacer que el tiempo fuera irreal. Dado que el idealismo concibe a Dios como cósmicamente dependiente, ha hecho de Dios la contrapartida pero no la fuente de la realidad fenoménica. Dios y el mundo son aspectos de una realidad que simplemente es. Pero en realidad todavía es mucho decir que toda esta realidad es por la cuestión del "es" nunca podría haber entrado en nuestras mentes ya que de ninguna manera sería posible pensar en lo contrario. De ahí que sólo pudiéramos balbucear: ¡Realidad! Pero incluso ese privilegio nos sería quitado al final porque incluso ese balbuceo implica la posibilidad de la inexistencia que de ser así estaría fuera de discusión.

---

45   B. Bosanquet, *Meeting of Extremes*, p. 70.
46   B. Bosanquet, *Meeting of Extremes*, p. 180
47   *Meaning of God in Human Experience*, p. 473.
48   J. E. McTaggart, "Time and the Hegelian Dialectic," *Mind*, N.S.V. 2. 1893, p. 490. *Mind*, N.S.V. 1894, p. 190; *Mind*, N.S. 17, 1908, p. 457.

Sin embargo, dado que no podemos dejar de pensar en la posibilidad de la inexistencia del mundo fenoménico debido al cambio que vemos dentro de él, y dado que con el Idealismo sostenemos que es imposible pensar en la mera posibilidad o en la inexistencia de la realidad en su totalidad nos vemos impulsados a presuponer el Absoluto como libremente relacionado con el mundo. O, para decirlo de manera más general y por lo tanto menos abierta a la objeción del idealismo porque no dice nada sobre el origen necesario del mundo temporal, podríamos decir que la posibilidad misma de pensar inteligentemente la inexistencia nos lleva a la misma conclusión. No podemos pensar en la inexistencia de toda la realidad a menos que, como señala A. E. Taylor,[49] estemos preparados para negar la coherencia de la experiencia en cualquier sentido y postular la prioridad de la mera posibilidad y potencialmente a la realidad y la actualidad.[50] Y por similitud de razonamiento podemos añadir que siendo para nosotros la posibilidad un pensamiento válido y la inexistencia una concepción perfectamente natural, estas categorías tienen su aplicación al mundo y no a Dios. Como *ad hominem* contra el idealismo, podemos decir que incluso las exigencias de la lógica formal parecen mejor satisfechas si concebimos a Dios como el presente y la realidad eternamente completas. De todos modos, se verá que el Idealismo, por concebir a Dios como cósmicamente dependiente, no ha podido considerarlo como Absoluto y con ello no ha escapado a ninguna dificultad lógica excepto creando otras. Concedido entonces que el Idealismo ha presupuesto un Absoluto, no ha presupuesto uno que realmente pueda llamarse como tal.

---

49 **Nota del editor**: Alfred Edward Taylor (1869-1945) fue un filósofo idealista britanico, famoso por sus contribuciones a la filosofía idealista en sus escritos sobre metafísica, filosofía de la religión, filosofía moral y la erudición de Platón.
50 Hastings, E. R. E., p. 278.

CAPITULO SEIS

❖

INCONGRUENCIAS AL HACER DEPENDER A IOS DEL HOMBRE

Ahora debemos proceder a sacar otra consecuencia del fracaso idealista de presuponer un Absoluto genuino, a saber, que realmente equivale a prescindir de un Absoluto en cualquier sentido, es decir, hacer que la experiencia humana y la realidad temporal sean autointerpretativas. Si decimos que nuestra experiencia no tiene sentido sin la presuposición del Absoluto, entonces no podemos dar la vuelta y decir que el Absoluto no tiene sentido excepto en dependencia de nosotros. Si lo hace, no ha presupuesto un Absoluto sino un correlativo o una contraparte y se encuentra en una regresión infinita, rebotando de un lado a otro entre dos semi absolutos. Siendo esto insatisfactorio y negándose a aceptar el Absoluto como única fuente de significado, de modo que le otorgan autoridad interpretativa, están tratando de prescindir por completo de un Absoluto.

Desde los días de Kant[51], el Idealismo ha estado dispuesto a actuar sobre este principio. Confiesa abiertamente su hostilidad hacia un Dios trascendente que podría estar completo sin la existencia del mundo; sería para la experiencia trascenderse a sí misma lo que no tendría sentido. El idealismo habla de la implicación mutua de todos los aspectos de la realidad, pero rechaza la interpretación del hombre en términos de Dios solamente. Se admite por todas partes

---

51 **Nota del editor**: Immanuel Kant fue un filósofo y científico prusiano (alemán) de la "Ilustración", considerado el primer y más importante representante del criticismo y precursor del idealismo alemán.

que el mayor servicio de Kant a la moralidad fue liberarla de la metafísica. Toda heteronomía, toda autoridad de Dios o del hombre es arrojada por la borda. La majestuosa ley interior es independiente tanto de Dios como del hombre. Kant todavía necesita un Dios para que la moral independiente no opere en vano. Pero cuando se dice que Kant expulsó a Dios por la puerta principal para dejarlo entrar de nuevo por la trasera debería decirse, en justicia, que no era culpable de semejante inconsistencia excepto en el nombre. El dios que dejó entrar por la puerta trasera es muy diferente del que rechazó por la puerta delantera o, si se quiere, ha sido enviado para reorganizarse a fin de ser readmitido. En resumen, es como ya dice Pringle-Pattison en sus "conferencias sobre el Teísmo", Kant había captado, especialmente en su concepción de la moral, el principio de inmanencia que tanto desarrollaría el hegelianismo. Según él, Dios y el hombre son elementos dentro de la totalidad de la realidad y están sujetos a las leyes que operan en ella.

Kant prestó un gran servicio a esta línea de especulación al desarrollar el carácter exclusivamente activista del pensamiento. No deja de ser significativo que el idealismo italiano se haya aferrado locamente a este aspecto del pensamiento de Kant para aferrarse a sus puntos de vista de inmanencia exclusiva.[52] No fue tanto por su crítica a los argumentos teístas como tal que Kant hizo más daño al teísmo si no por su concepción de la naturaleza del pensamiento. Si se considera que el pensamiento es totalmente no receptivo sino sólo activo, inevitablemente se sigue el apriorismo del que hemos hablado más arriba y los hombres comienzan a hablar de leyes que deben valer para toda experiencia posible, tanto divina como humana. Esto hace imposible que exista una distinción cualitativa entre Dios y el hombre, y no se puede presuponer ningún Absoluto autosuficiente.

Pues notemos que un Absoluto que no es meramente de nombre implica que el hombre debe ser interpretado en términos de Él, debe tener una mente que sea tanto receptiva como activa. Un Dios autosuficiente no puede ser conocido de ninguna manera por la revelación de sí mismo, revelación que el hombre debe recibir. No

---

52   G. de Ruggiero, *Modern Philosophy*, tr. by A. H. Hannay y R. C. Collingwood, London 1921.

digo que la mente humana deba ser pasiva en el sentido de inmóvil, sino receptiva en el sentido de que puede y recibe una revelación del Absoluto. La autosuficiencia metafísica del Absoluto implica que sus criaturas racionales deben ser en su conciencia activamente receptivas a la revelación del Absoluto en la naturaleza y en el hombre. Esto implica además que el hombre debe considerar las leyes de la moral y el pensamiento aplicables a la humanidad en un sentido diferente al de Dios. El tiempo también es real para el hombre de una manera diferente que para Dios. Si esto no fuera así, Dios no podría ser Absoluto, o deberíamos ser absolutos con Dios. Estas distinciones equivalen a decir que para el hombre siempre habrá una diferencia entre lo desconocido y lo incognoscible; el ser de Dios no puede ser plenamente revelado en el hombre.

Pero la visión exclusiva de la actividad de la conciencia no puede tolerar estas distinciones. Sostiene que podemos y debemos hablar de una naturaleza general del pensamiento que necesariamente debe describir todo tipo concebible de conciencia. Esto elimina la distinción entre lo desconocido y lo incognoscible tanto para el hombre como para Dios. Ahora bien, está claro que no podemos hablar de un Dios desconocido o incognoscible si sostenemos que Él es absoluto y cumple la exigencia de la lógica de que el presente es anterior a la potencialidad. Pero es bastante concebible sostener una distinción entre desconocido e incognoscible en el caso del hombre y si vamos a aceptar un Absoluto debemos concebir que su relación con el universo es libre. Sólo entonces puede Él dar una revelación de Sí mismo al hombre de acuerdo con la capacidad de este último. Pero todo esto es completamente imposible sobre la base del principio de inmanencia introducido por Kant. Sobre su base, el Dios del teísmo es una abstracción; Se buscó una deidad que funcionara más fácilmente y el resultado sólo podría ser que la deidad no funcionó en absoluto porque la deidad ya no es absoluta.

Ahora bien, cuando la filosofía ha cruzado el rubicón[53] y decide prescindir de un absoluto, tiene una tarea difícil de realizar.

---

53 **Nota del editor :** expresión tomada de Julio Cesar, significa avanzar a un punto irreversible con consecuencias arriesgadas

DIOS Y EL ABSOLUTO

Habíamos aceptado la validez del conocimiento humano no por su gran alcance sino por su base firme, porque el Absoluto sin el cual no podríamos tener conocimiento alguno, es la garantía del conocimiento que tenemos. No sostenemos, como el realista moderno, que se puede remendar su réplica a un fragmento de la realidad y decir que se tiene la verdad; la coherencia debe ser la base de la correspondencia. Pero la coherencia misma es una cuestión de fe; es decir, la coherencia completa sólo puede residir en el Absoluto. Habiendo quitado, como se señaló anteriormente, la distinción esencial entre Dios y el hombre, el idealismo no tiene escapatoria de sostener que "lo real es racional" es un ideal alcanzable por el hombre o de otro modo apela a un misterio más allá de la racionalidad. Cuando el teísta dice que no sabe, o como decimos apela al misterio visualiza detrás de ese misterio, la racionalidad autoconsciente de Dios; cuando el idealista apela al misterio, mira hacia el abismo de lo apenas posible, ya que el misterio es válido tanto para Dios como para el hombre. O dicho de otro modo, el Idealista no tiene derecho a apelar al misterio excepto en el sentido de lo aún no conocido, si se aferra a su lema de que lo real es racional.

El idealismo busca racionalizar la experiencia, y de vez en cuando apela al misterio. Bradley habla de la resolución de las dificultades "de alguna manera" en el Más Allá. Así también, ante el problema de la libertad humana, Pringle-Pattison dice que sabemos que somos libres por intuición inmediata.[54] Pero ningún idealista parece tener derecho a apelar a la inmediatez en lugar de a la racionalidad. El idealismo puede hablar de lo desconocido como lo aún no conocido pero según su principio debe sostener que el hombre tiene dentro de sí los medios para corregir sus propios errores y eventualmente elevarse al conocimiento de un sistema completo. En otras palabras, el idealismo ha aceptado la competencia entre sistemas rivales basándose únicamente en la lógica formal, es decir, ganará el sistema que tenga menos dificultades;ahí su desconsiderado *a priori*, pero de ahí también su acosmismo, y su intelectualización de nuestra experiencia.

---

54 Pringle-Pattison, *Hegelianism and Personality*, retenidos y explicados en *Idea of God*, p. 369.

El teísmo, en consecuencia, no acepta el desafío sobre esta base. Sostiene que cualquiera que busque sin ayuda cruzar todo el canal o perecer, lo más probable es que perezca; el escepticismo es la única alternativa al teísmo. El teísmo también es escéptico en cuanto a la capacidad del hombre para conocer toda la verdad, pero ha buscado mediante un argumento trascendental establecer la sustentabilidad filosófica de la existencia de una realidad atemporal que es una actualidad autoconsciente completa en la que descansa para la validez de nuestro conocimiento. en la medida de lo que va. Como se expresó anteriormente, Dios se encuentra detrás del misterio y la posibilidad. El teísmo también es escéptico en cuanto a la posibilidad de conocer el Absoluto porque el hombre tendría que conocer el Absoluto por sí mismo. Pero el idealismo tiene que ser escéptico en el sentido de que ve al hombre y a Dios juntos creciendo en conocimiento, mutuamente dependientes, mutuamente interpretativos, pero no sabe de dónde es, ni hacia dónde va; el misterio es lo último: la posibilidad es mayor que el presente.

Tal, creemos, debe ser el resultado de la línea de pensamiento kantiana. Pero tal vez haya quienes no puedan ver este empinado descenso a la negación de toda trascendencia. Señalarán el tremendo renacimiento de la religión y la adoración del Absoluto que ha surgido de este mismo pensamiento de Kant a través del énfasis hegeliano en la inmanencia. Por lo tanto, debemos probar más plenamente que incluso en los pensadores idealistas más desarrollados y refinados Dios no se presupone como el Absoluto y que, por lo tanto, su intento de hacer que Dios cuente para algo como una categoría de interpretación no tiene éxito. Ya hemos dicho que Kant rechazó a un dios y recibió a otro; el primero quería hacer a Kant a su imagen, el segundo fue hecho a imagen de Kant; seguramente una "revolución copernicana". Lo único que Kant podía hacer lógicamente desde su punto de vista era que toda experiencia posible tuviera que ser de un tipo; Dios y el hombre estaban sujetos a las mismas leyes o al menos la ley se consideraba inteligible aparte de Dios; el derecho es derecho en sí mismo aparte de Dios. El idealismo posterior unió una vez más la moralidad y la metafísica e incluso intentó encontrar la base de la moralidad en la naturaleza de Dios. Sin embargo, esto no debe ocultarnos el hecho de que en esta nueva alianza entre la metafísica y la moral sólo hay un desarrollo del pensamiento kantiano, pero no una desviación radical del mismo. A veces se sostiene la opinión contraria; Se representa a Hegel reconstruyendo lo que Kant había derribado; incluso los argumentos teístas fueron revividos; la identificación de lo racional con lo real era la mejor prueba ontológica que jamás se había ideado.

Para probar si el hegelianismo hizo algún avance real sobre Kant a este respecto, es justo preguntar qué tipo de dios devolvió Hegel a los hombres. Quizá el propio Kant se hubiera alegrado de acoger al dios de Hegel. El dios de Hegel no es en absoluto el que Kant identificó con el dios totalmente trascendente que no mantenía ninguna relación conocida con el mundo. El Dios real de Hegel es el que nace del proceso dialéctico, temporal o lógicamente recibido, revelado y realizado a través de la naturaleza y el hombre y continuó con éstos. En resumen, el dios de Hegel se llama Absoluto sólo por cortesía; Es más bien un principio inmanente en la realidad. Sobre esta base, no es difícil establecer la prueba ontológica, pero la pregunta es si sirve para algo.

Pero debemos continuar nuestra búsqueda de un Idealista que haya tomado realmente en serio su Absoluto como presupuesto de su pensamiento. Ya cuando criticamos la teoría idealista del juicio nos ocupamos de Bosanquet, el principal entre los lógicos idealistas. En consecuencia, nos dirigimos ahora a otros que han refinado la concepción del Absoluto y definido con el mayor cuidado su relación funcional con la experiencia. Bradley puede ser mencionado de pasada. Bajo el pretexto de sacrificar toda "apariencia" al Absoluto, al menos se reservó el derecho de definir el Absoluto negativamente y, sobre la base de la experiencia humana, se consideró justificado al decirnos lo que el Absoluto no puede ser. Tal definición negativa es bastante común entre los enemigos declarados del Absoluto. Allí se nos dice una y otra vez que un Absoluto atemporal no podría tener ningún significado posible. Pero tampoco es rara la definición negativa entre los idealistas. Solo puede construirse sobre la suposición de la naturaleza activista del pensamiento con su implicación de un solo tipo de conciencia. Suena más modesto decir lo que el Absoluto no puede ser que decir positivamente lo que debe ser pero en ambos casos se asume el poder de definición y con ello el reinado del pensamiento *a priori*, el mismo intelectualismo que destruye el tiempo y el espacio en una dirección define lo Absoluto positiva o negativamente en la otra dirección. Sólo lo Absoluto puede definir lo Absoluto.

Los intentos más recientes de encontrar una relación funcional para un Absoluto en la experiencia humana han sido menos dialécticos y más empíricos. De tales intentos, los de C. C. J. Webb[55] y W. E. Hocking han sido quizás los más completos. Tenemos en la filosofía de Webb un testimonio bienvenido que retrata claramente, en todo el desarrollo de su pensamiento, que quien construye su filosofía sobre la lógica idealista tarde o temprano debe intentar prescindir por completo de un Absoluto; o reservarse el derecho de transformación por tiempo indefinido. En su obra *Problemas en la relación de Dios y el hombre*, Webb manifiesta claramente su acuerdo general con la teoría idealista del juicio. Aun así, cree que es muy posible estudiar el fenómeno de la conciencia religiosa sin presuposiciones metafísicas. Pero los métodos más perfeccionados de la psicología de la religión nunca pueden dar fruto por sí solos. Cierta filosofía se asume desde el principio. Webb ha asumido que la religión debe ser la adoración del todo. Es extraño que un idealista deba dar por sentada la finalidad de la conciencia moral cuando se pronuncia sobre cuestiones de religión. Contra el pragmatismo nuestro argumento fue que debemos decir quiénes somos, qué lugar ocupamos en el universo antes de tener derecho a decir que el Absoluto no tiene sentido. Del mismo modo aquí, si sostenemos que nuestra conciencia moral tiene el derecho de definir la naturaleza del Dios al que vamos a servir, deberíamos esperar una justificación de este procedimiento. Esto no es para oponerse al intento de estudiar los fenómenos de la vida moral y religiosa tan imparcialmente como podamos. Lo único en cuestión es la justicia de rechazar una noción acerca de Dios sobre la base de la conciencia moral o religiosa solamente. Webb sin dudar asume este poder para

---

55 **Nota del editor**: Clement Charles Julian Webb (1865-1954) fue un teólogo y filósofo inglés, el cual es considerado como un "idealista personal", en donde se vio influenciado por el valor de la actitud escéptica y el método crítico de su maestro James Cook Wilson.

el juicio moral. Al observar el alcance y el carácter aterradores del mal y la hipótesis de un Dios que sabe de antemano que si nos crea, haremos el mal, Webb niega la capacidad de Dios para juzgar en el asunto,[56] ya que en el mejor de los casos Él es finito y está sujeto a las condiciones de un universo más allá de Su control. Y si Él es finito, tenemos derecho a juzgar tanto como Él. Además, es sobre las decisiones de nuestra conciencia moral que decidimos si Dios es finito o no. Al ver demasiado mal en el mundo, decidimos que Él no puede ser omnipotente, ya que necesita este mal para realizar sus propósitos o no puede evitarlo en absoluto.

Ahora el teísmo sostiene que este no es un procedimiento justo. Nuestra conciencia moral, tal como se encuentra en los seres condicionados espacialmente, no puede asumir este papel de juez a menos que tenga muy buenas razones para hacerlo. Pero por el contrario, hemos encontrado razones para creer que toda nuestra existencia humana carece de sentido y brota del vacío a menos que el Absoluto le dé sentido. Si esta metafísica es correcta, implica una actitud diferente hacia los *dictados* de la conciencia moral. Así como nuestro intelecto no puede resolver todas las dificultades de la lógica, pero no por eso renunciamos a la idea del Absoluto, si nuestra conciencia moral no puede encontrar una teodicea completa que no tenga dificultades, no renunciamos a la noción de un Dios que es bueno y omnipotente. Si hemos encontrado la noción de Dios como el Absoluto necesario para nuestra existencia, entonces esa noción tiene una fuerza determinante sobre nuestra conciencia moral.

Con esto queremos decir todo lo contrario de lo que quiere decir Webb; él concede a la conciencia moral la autoridad para cambiar la idea de Dios a voluntad; sostenemos que la noción de Dios se mantiene firme y debemos ajustar nuestra conciencia moral tanto como podamos. Nuestra conciencia moral se basa en la idea de un Dios absoluto, y sólo se puede depender de ella en la medida en que esta idea de Dios se mantenga intacta. Si entonces quedan problemas sin resolver, también aquí nos hemos ganado el derecho de apelar al misterio del Absoluto. También aquí, así como en el caso de

---

56 *Problems in the Relations of God and Man*, London 1911, p. 105.

problemas directamente intelectuales, el Absoluto autoconsciente yace detrás de nuestro misterio; lo que parece no tener propósito para nosotros puede tener un propósito para Él.

Y ahora es importante notar cuán completamente el Idealismo trata de prescindir del Absoluto. En cuestiones de moralidad y religión este hecho se manifiesta mucho más claramente que en problemas exclusivamente intelectuales. Muchos idealistas tal vez estarían de acuerdo en que es el Absoluto el que da sentido a nuestro intelecto, que la validez de nuestro conocimiento encuentra su fuente en el Absoluto y no dudarán en proclamar con Kant la completa autonomía de la conciencia moral. Que la moralidad desde los días de Kant haya vuelto a estar ligada a la metafísica no altera el asunto. Si nuestro argumento ha sido correcto, fue la misma tendencia hacia la autonomía la que subyace en el esfuerzo intelectual y moral de Kant. En ambos casos surgen de la mente humana, mediante un estricto *a priori*, las leyes del pensamiento y la moralidad que han de ser válidas para toda posible experiencia tanto divina como humana. El idealismo ha seguido en este tren. Concedido que dice que las leyes del pensamiento y la moral se encuentran y no se hacen, en tanto mantiene el derecho de decir que deben valer por igual para Dios y el hombre, hace lo que estaba haciendo Kant.

Así vemos que la visión de la conciencia moral que sostienen Webb, Rashdall y otros es el resultado natural de la línea de pensamiento kantiana y encaja con el énfasis en la inmanencia de Dios por parte del idealismo posterior. Así vemos también que el Idealismo se acerca mucho al Pragmatismo: ambos abogan por la autosuficiencia del hombre y le dan el poder de decir lo que tiene y puede tener significado para él; ambos le dan poder para modificar el Absoluto a voluntad o rechazarlo por completo.

Quizás uno de los intentos más agudos los últimos años para hacer que la experiencia de Dios sea real para los hombres se encuentra en la obra de W. E. Hocking *"El significado de Dios en la experiencia humana"*. Con una profunda intuición religiosa, Hocking haría básica la experiencia de Dios para que controlara toda la vida. Sí aún más: "El mal se convierte en un problema sólo porque la conciencia del Absoluto está ahí: aparte de este hecho, el color del mal sería mero contenido de la experiencia".[57] Aquí Hocking menciona con referencia específica al mal lo que hemos sostenido arriba como una verdad general de que ninguna experiencia temporal de ningún tipo podría convertirse en una pregunta en absoluto si no fuera por la conciencia de Dios más fundamental. Por lo tanto, Hocking busca traer a Dios a la experiencia en el nivel más próximo y más bajo posible. El yo humano sin la conciencia de Dios no es más que un "universal irrelevante"; presupone para la experiencia de sí misma la experiencia de Dios. Siendo la conciencia esencialmente social, no es el hombre sino Dios el primero que se encuentra en la experiencia. Temprano en la vida, uno tiene que enfrentar la sombría realidad que nos ha producido y, sin embargo, parece agobiar a su descendencia y devorarla. Inmediatamente sentimos nuestros derechos y "La idea de Dios aparece así como un postulado de nuestra conciencia moral: un propósito original que tiende a hacerse bueno en la experiencia.[58] Vemos cuán básica es Hocking la idea de Dios. Por lo tanto, las formas más antiguas del argumento ontológico deben revisarse. No tenemos primero una idea de Dios y luego deducimos lógicamente su existencia, sino que la idea misma es fruto de una intuición más fundamental. "Sólo se justifica atribuir la realidad a una idea de la realidad si la realidad ya está presente en el descubrimiento de la idea".[59] No se encuentra ningún Dios en el nivel de las ideas que no se encuentre ya en el nivel de la sensación.[60] "La historia completa del descubrimiento de Descartes no se resume en la proposición Yo existo, conozco. Más bien se dice en la proposición, existo conociendo al Absoluto, o existo conociendo a Dios. El yo tomado solo, o en presencia de los contenidos de la experiencia tal como se presentan, es un universal bastante irrelevante. Pero ponga delante de ese yo en sus tratos con la experiencia un objeto Absoluto; y su propia existencia se vuelve fructífera en diferencias".[61] D. C. Macintosh[62] llama a esta línea de argumentación seguida por Hocking un "desarrollo empírico

---

57   *Meaning of God*, p. 203.
58   Idem., p. 147.
59   Idem., p. 313.
60   Idem., p. 313.
61   Idem., p. 201.
62   **Nota del editor**: Douglas Clyde Macintosh (1877-1948) teólogo candiense, fue ordenado ministro bautista y a la vez profesor de teología sistemática en Yale Divinity School.

del absolutismo", y describe su método como "intuicionismo empírico". Resume el punto de Hocking diciendo: "De la idea del objeto religioso, luego, a partir de la idea de la realidad Absoluta, de la realidad como un todo, se puede afirmar su existencia, porque la idea misma sólo es posible a través de una experiencia de la existencia de la realidad como un todo".[63] Ahora bien, se observará de inmediato que nuestro argumento a favor del teísmo ha sido formalmente muy similar al de Hocking. El humano en sí mismo colocado dentro de la corriente de la experiencia no tendría ningún significado y sería un "universal irrelevante", ni toda la corriente de fenómenos nos incitaría a alguna pregunta, si no fuera que la conciencia del Absoluto es fundamental desde el principio. Por lo que se refiere al argumento en sí, podemos reclamar a Hocking como una autoridad. Pero solo hay un punto, al parecer, en el que no ha llevado a cabo su propio argumento. Nos dice que en el momento en que nos enfrentamos a una realidad sombría y amenazadora, se despierta nuestro sentido de justicia y exigimos un Dios. ¿De dónde viene este sentido de justicia? Al llevar a cabo el argumento de Hocking, ¿no funciona gracias a una conciencia de Dios que es fundamental para esta? Sin embargo, para Hocking, el primer funcionamiento de la conciencia moral es totalmente independiente al sentir sus derechos frente a un universo sombrío.[64] Es esto exactamente lo que lleva en la misma dirección que vimos se movía Webb; la idea de Dios se revisa constantemente. Después de todo, la pregunta central es: qué tipo de Dios existe y se presupone. El Dios de Hocking no puede ser el Absoluto. Y si no es Absoluto, se convierte en un aspecto de un todo en desarrollo y cambia con ese todo; no es sólo nuestra idea de Dios la que cambia, sino dios mismo a menos que se le considere como Absoluto aparte del proceso del tiempo. El argumento empleado por Hocking podría ser usado por hombres de convicciones morales menos vigorosas que él y encontraran diferentes dioses a el suyo. Porque, ¿por qué deberíamos hablar de presuponer un Dios que es realmente el siempre progresivo y mutable Ideal de la conciencia moral? Si Dios no es Absoluto entonces se convierte en un aspecto de la realidad como un todo del cual nosotros también somos aspectos y podemos preguntar acerca de las características de estos aspectos, pero es

---

63 *Phil. Rev.* V. 23, 1914, p. 27.
64 *Meaning of God*, p. 146.

difícil ver por qué un aspecto del todo debería ser dignificado con el nombre de Dios. El mismo Hocking dice que el problema del conocimiento religioso es un "problema de los atributos de la realidad",[65] es decir, una realidad que incluye tanto a Dios como al hombre.

Luego hay otro punto que aprender del argumento de Hocking. Si ha estado en lo cierto al sostener que nuestra experiencia es puramente fáctica y no produce preguntas a menos que tengamos conciencia de un Absoluto, se sigue que los ideales morales que la humanidad ha lanzado delante de sí misma no podrían tener poder coercitivo a menos que este poder de atracción se derive del Absoluto. Nuestros mismos ideales morales presuponen el Absoluto; pero Hocking los ha considerado como actuando independientemente; por lo tanto, cuelgan en el aire o, en el mejor de los casos, pueden darnos algunas insinuaciones de carácter religioso o de la naturaleza del universo. Pero las leyes morales no encuentran su poder coercitivo inmediatamente en Dios y aquí la posición de Hocking se distingue de la del teísmo. Porque ¿cómo sabe uno cuándo su experiencia religiosa se ha vuelto suficientemente empírica y científica? Sin embargo, "sólo entonces podemos saber que el dios de quien tenemos una idea existe realmente". ¿O cómo podríamos, sobre esta base de la independencia fundamental de la conciencia moral, encontrar un dios cuyo conocimiento daría color a toda nuestra experiencia futura, como dice Hocking que debe hacerse?

Así vemos que en los intentos más sutiles y serios del idealismo, el Absoluto está hecho según el patrón establecido por la conciencia moral que se supone es el estándar final. El resultado es que no se alcanza realmente ningún Absoluto. Incluso si vamos más allá de Webb y hablamos de la personalidad de Dios, así como de la personalidad en Dios, lo que él admite es realmente todo lo que podemos decir sobre una base idealista, e incluso si deberíamos hablar con Lindsay de una relación libre de Dios con el mundo. Este Dios es, en el mejor de los casos, un Dios que, como el de Platón, tiene que modelar una situación independiente en la medida de sus posibilidades; el idealismo no quiere en la mayoría

---

65 Idem. p. 143.

de sus portavoces, ningún dios finito, sin embargo, un dios finito es todo lo que puede hacer la especulación. Será un Dios cuantitativamente mayor que nosotros, sin duda, y si llevamos la idea lo suficientemente lejos, quizás pueda llamarse infinito, pero no puede ser cualitativamente distinto de nosotros en ningún otro sentido que no sea que una persona finita es distinta de otra, ya que todas las leyes del pensamiento y la moralidad valen de la misma manera tanto para Dios como para el hombre.

Hasta ahora hemos tratado de mostrar que la relación esencial entre Dios y el hombre presupuesta en la lógica idealista o el resultado natural de ella conduce al final a un intento de prescindir por completo de un Absoluto. Esto fue cierto incluso cuando se hizo el intento de elevar la naturaleza del pensamiento por encima del cambio involucrado en el tiempo. Sin embargo, el idealismo se consideraba seguro sobre todo en la base no temporal, en la que la lógica a priori reinaba de forma suprema. La tendencia acosmista que hemos rastreado atestigua el hecho de que el idealismo mismo sentía que si se permite que el tiempo sea lo último, realmente se ha atacado la base de la lógica idealista de que la unidad es fundamental para la diferencia y la realidad anterior a la potencialidad. Dice Bosanquet: "Si la base del universo fuera variable, la base de nuestro argumento, cualquiera que sea, se desvanecerá con la estabilidad del todo".[66]

---

66 *Meeting of Extremes*, p. 191.

CAPITULO SIETE

❖

LA AMBIVALENCIA DEL IDEALISMO

Ahora debemos intentar mostrar que la base del universo cambia si el Idealismo es correcto y que los Idealistas posteriores se dan cuenta de esto por sí mismos. Es difícil ver cómo Bosanquet puede decir seriamente que tiene una base inmutable para el universo a no ser que tenga un todo inmutable. No porque esta concepción misma sea imposible; El teísmo mantendría la necesidad de ello con mucha fuerza. Pero como hemos visto, Bosanquet sostiene que Dios y el hombre están esencialmente relacionados. Juntos forman la totalidad de la realidad. Esta totalidad de la realidad es inmutable o cambiante. Si el Idealismo no hubiera sentido la debilidad de su posición cuando habló de un aspecto de la realidad mutable y el otro aspecto siendo inmutable, no podría haber llegado tan lejos en su tendencia acósmica. McTaggart nos dice que si concedemos alguna realidad al tiempo, se traduce en una incompletitud en la realidad como un todo. Lo que llamamos cambio, por pequeño que sea en un aspecto del todo, debe modificarlo de alguna manera pequeña. La flor en el muro agrietado[67] nos cuenta la misma historia; la teoría de la coherencia de la verdad lo exige. Del lado del Absoluto también tendríamos que sostener con el pragmatismo, que un inmutable Absoluto es inutil; la "obsolescencia de lo eterno" está al alcance de la mano. Si llamamos al Absoluto un Más Allá y le atribuimos conciencia, el cambio tendría que tener para esa conciencia el mismo significado que tiene para nosotros, ya que toda experiencia posible debe estar sujeta a las mismas leyes del pensamiento. Estamos claramente situados ante el dilema de McTaggart; o bien hacer que el tiempo sea completamente irreal o

---

67 **Nota del Editor:** *Flower in the crannied wall by Alfred*, Lord Tennyson 1863.

hacerlo último, además de real. La distinción hecha por Bosanquet de que el tiempo puede ser "real" pero no "último" la aceptaremos para el teísmo que no está obligado por la lógica a hacer que todo lo que es "real" sea también "último". El idealismo no puede pretender poner una connotación inteligible en esa distinción. Dado que ciertamente se afirma constantemente que debemos dar por sentado la realidad tal como es y no preguntar de dónde vino ni ningún aspecto de ella. Es cierto que J. S. Mackenzie[68], siguiendo las sugerencias del pensamiento de Kant, no considera que un origen absoluto sea un absurdo como muchos otros lo hacen.[69] Pero luego debemos agregar que él piensa que es una posibilidad pensar en la realidad como simplemente saliendo del vacío. Si entonces entiende por "realidad" el todo tal como lo conciben comúnmente los idealistas, ha renunciado abiertamente a todo intento de interpretación que anteponga lo potencial a lo real. Por otro lado, si aún desea retener una base permanente que no aparece repentinamente, le resultará difícil relacionar esta parte de la realidad con la que apareció repentinamente. Si los considerara como aspectos de otro, no podría haber ese avance repentino del que habla, mientras que si hablara de un Absoluto y mantuviera que este Absoluto está realmente relacionado con el mundo, llegaría a la doctrina teísta de una creación temporal que no puede aceptar.

Sostenemos entonces que es justo decir que el idealismo hace que los aspectos de la realidad igualmente no derivados sean igualmente últimos, a menos que pueda demostrarse que entre estos aspectos uno tiene un derecho más legítimo a la dignidad que otro. Fue sólo con renuencia que el idealismo hizo uso de ese recurso. Bradley finalmente se vio impulsado a ello cuando una "apariencia" considerada como igual a nada apenas podía decir que era una apariencia en absoluto. En consecuencia, otorgó a la "apariencia" un tipo de realidad inferior a la realidad misma. Pero la realidad debe aparecer necesariamente, entonces la "apariencia" se convierte en un aspecto de lo real, de modo que parece haber poca razón por la que la "apariencia" deba llamarse menos real que lo "real", ni tampoco por la que lo "Real" deba ser llamado más real que sus

---

68 **Nota del editor:** Jhon Stuart Mackenzie (1860-1935) filósofo birtanico, el cual no era religioso y estaba suscrito a un sistema ético humanista.
69 Artículo en *Mind* N.S.V. 21, 1912, p. 329.

"apariencias". Se podría encontrar una analogía en un organismo en el que un miembro puede recibir mayor honor que otro pero en el que todos los miembros son igualmente indispensables. Para que la distinción entre grados de realidad tenga sentido, admite Bosanquet, uno debe ser interpretado en términos de otro, es decir, el inferior en términos del superior. Esto no parecería posible de hacer si el "inferior" y el "superior" estuvieran relacionados en la experiencia del tiempo y la ley intemporal respectivamente, y también si desea conservarlos como aspectos uno del otro. Inseparable de toda experiencia temporal de los seres humanos es el cambio y la decadencia. Nuestras mentes están conectadas con nuestros cuerpos y nuestros cuerpos dependen de la tierra, y nada es más evidente en el universo físico que el cambio. Concedido que fuera factible reducir la causalidad tal como la conocemos, incluso entre los seres conscientes y la naturaleza inanimada, a una mera secuencia de eventos, sigue siendo imposible si se explicara la causalidad sin explicar esta secuencia de eventos en sí misma y relacionarla de alguna manera con la realidad inmutable que entonces se dice que es de importancia "superior". ¿Cómo interpretar el movimiento o la ilusión de movimiento en términos de estabilidad, si esta estabilidad en sí misma no tiene significado aparte del movimiento? El uno debe formar siempre el correlativo del otro y ninguno tiene la preeminencia sobre el otro. Si el movimiento es finito en el sentido de que ha tenido un comienzo absoluto y desea interpretarlo en términos de una realidad superior e inmutable, la doctrina de la creación implícita en la concepción teísta del Absoluto, parecería ser la más razonable. Porque si dice que simplemente dio un paso adelante, no lo está conectando con ninguna realidad atemporal. Mientras que si dice que fue necesariamente creado, el movimiento no es finito en absoluto a menos que aquel por quien o de quien fue creado también sea finito y el vacío se encuentra detrás de todo, de nuevo. Si el movimiento es infinito, es decir, sin principio y aún desea interpretarlo en términos de una realidad "superior", la tarea será aún más difícil porque lo primero que se mostrará es por qué debería haber una preferencia emocional por el atemporal sobre lo cambiante. Es decir, la razón principal por la que hablamos de interpretar lo inferior en términos de lo superior radica en el hecho de que consideramos que lo inferior es incapaz de tener significado en sí mismo. Pero si hacemos de lo inferior un elemento necesario para lo superior, inmediatamente levantará la cabeza para reclamar el título que le corresponde para ser llamado "superior" también. O bien, pensamos que el movimiento y el cambio necesitan interpretación porque son ininteligibles en sí mismos, pero si hacemos que el movimiento sea eterno o interminable, no queda ninguna razón por la que deba interpretarse en términos de lo inmóvil.

Concluimos, por lo tanto, que cuando las características patentes del mundo fenoménico no son ignoradas y debe haber un significado genuino en la demanda completamente razonable del idealismo de que lo inferior se interprete en términos de lo superior, la doctrina de la creación del teísmo ofrece la hipótesis más razonable. Esta doctrina también tiene sus dificultades, la principal es por qué una experiencia completa atemporal debería crear y cómo el producto creado puede tener significado para Él. Porque Él no se sienta a la manera aristotélica al margen de la lucha del tiempo, sino que es inmanente a su creación con su poder sosteniéndola y guiándola hacia un propósito para Él mismo. Ante estas dificultades, el teísta confiesa de buena gana que para él es incomprensible, pero conserva su derecho dialéctico de apelar al misterio de la sabiduría infinita.

El idealismo también debe finalmente apelar al misterio, pero la diferencia entre estas apelaciones al misterio es que el Idealista, por su apriorismo, ha hecho imposible colocar una Racionalidad Absoluta detrás de su misterio. No apela a una lógica superior a la suya, porque ha hecho que la lógica sea lo más elevada posible. No sorprende en absoluto que, dado que sobre una base idealista el todo es el sujeto último de la predicación, adjetivos rotundamente contradictorios modifiquen el mismo sustantivo. Todos los predicados aplicables a nuestra existencia temporal, cambio, decadencia, origen, maldad, deben "de alguna manera" tener aplicación a la base última de la realidad que también debe estar de alguna manera más allá de todas estas cosas; debe haber tiempo en el Absoluto, pero el Absoluto no es malo. Entonces, si se toma en serio el dicho de que lo actual es anterior a lo potencial, parece que toda experiencia temporal debe volverse irreal, mientras que si se permite que la experiencia temporal tenga un significado para el todo, entonces la mera posibilidad debe tener un significado independiente. Hegel sintió muy profundamente que su *Gott (Dios)* tenía que ser anterior en su dialéctica temporal o lógica para tener algún significado, sin embargo, la verdad completa que encontró solo en la *Begriff (expresión)* era la finalización real del proceso. No era un proceso completo por el que se esforzaba en todo su pensamiento. Una cosa que toda la filosofía ha aprendido de Platón es que las Ideas deben estar conectadas con nuestra experiencia si han de ser la interpretación de ella; pero tal vez nos estemos olvidando de la otra lección que enseñó Platón de que las Ideas deben ser reales en sí mismas o de lo contrario pueden servir aún menos para explicar la existencia temporal.

Era más fácil para el pensamiento antiguo intelectualizar la experiencia que en la actualidad. No obstante, el intento se hizo en la vena acósmica de la filosofía idealista. Pero llegó la reacción.

El mismo Bosanquet ha dado ocasión a la oposición a su pensamiento acósmico; era un ideal antinatural que se había puesto delante de sí mismo. Como ideal, Bosanquet sostiene que la realidad no puede ser concebida sin contradicción como cambiante.[70] Por otro lado, la realidad es aquello que el pensamiento operando sobre la experiencia encuentra que es. En otras palabras, partiría de la actualidad y validez de la experiencia finita. Pero dado que el pensamiento tal como lo conocemos es del hombre en movimiento, y dado que *ex hypothesi* todo pensamiento es del mismo tipo, Bosanquet no puede ascender la idea de Bradley a un Absoluto atemporal. La consecuencia inevitable es que el Absoluto se rebaja; porque no podemos negar la realidad a lo que se mueve. Al darse cuenta de las fuerzas de esta tendencia, Bosanquet a veces define el Absoluto como "la marca de agua de las fluctuaciones de la experiencia de la que, en general, somos conscientes a diario y normalmente."[71] Cunningham dice que Bosanquet no logra distinguir claramente entre dos concepciones de la "totalidad de las cosas", unas veces considerándola como realmente atemporal en su conjunto y otras veces considerándola como en proceso de

---

70 G. W. Cunningham, *Phil. Rev.* V. 31, 1922, p. 500.
71 *Phil. Rev.* V. 32, 1923, p. 587.

realización, haciendo del tiempo un aspecto necesario, "impulsado por la dificultad que experimenta al considerar su concepción de la trascendencia en términos puramente no temporales".[72]

Bajo la presión de la crítica realista y pragmática, parece que Bosanquet comenzó a hablar más de la realidad como "inherentemente sintética", de modo que no se necesita ningún cambio en sí mismo para dar cuenta de las diferencias que son nuevas y creativas, con perfecta continuidad.[73] El carácter atemporal de lo Absoluto, ya sea el Más Allá o el Absoluto, se deja deslizar lentamente, y en esa medida también la exigencia de que lo real sea anterior a lo potencial. Dice H. Haldar: "Pero decir que el Absoluto, un todo que todo lo incluye, no cambia en sí mismo, no es negar que se realiza en y a través de los eventos sucesivos del tiempo que fluye".[74] Para rastrear esta tendencia que puede llamarse temporalismo porque considera el tiempo y el cambio como una característica última de la realidad, podemos comenzar con Pringle-Pattison. En su libro *Hegelianismo y personalidad* hizo sonar la corneta entre los idealistas contra la agresividad del Absoluto. Su argumento era que la vida no puede ser sacrificada a las exigencias de una lógica *a priori*. Por eso habló de la "impermeabilidad" del individuo finito. Más tarde se dio cuenta de que una frase de ese tipo lo exponía a la acusación de empirismo y realismo que "olvida la abstracción bajo la cual aprehende la estructura de la experiencia".[75] Para protegerse contra eso, dijo en sus últimos escritos que siempre había creído en la "relación esencial" entre el Absoluto y el hombre. Tenemos, al parecer, dos tendencias en el pensamiento de Pringle-Pattison. Por un lado, declara abiertamente su lealtad a la posición de Bosanquet de que el individuo no puede tener significado independiente del Absoluto; el pluralismo no puede ser su punto de partida más que el de ellos. Pero es la tendencia opuesta en su pensamiento lo que es importante para nuestro punto.

Pringle-Pattison no quiere que el individuo humano sea "en último análisis, conexiones de contenido dentro del individuo real al que

---

72 *Phil. Rev.* V. 31, 1922, p. 562.
73 *Phil. Rev.* V. 32, 1923, p. 596.
74 *Phil. Rev.* V. 27, 1918, p. 389.
75 Bosanquet, *Proceedings Aristotelian Society* N.S.V. 18, 1917–18, p. 484.

pertenece". Parece conceder que la lógica idealista, si se lleva a cabo, es injusta con la individualidad humana. De ahí que apele a la inmediatez frente a la lógica. Pero en un momento posterior no faltan argumentos. En su valioso libro sobre *La idea de Dios* busca en la primera serie de conferencias establecer la existencia de las llamadas "apariencias". En esta primera serie tiene poca o ninguna necesidad de la categoría del Absoluto. Él mismo nos dice esto en respuesta a una crítica de sus puntos de vista por parte de Rashdall. Una confesión de este tipo de boca de un idealista significa mucho; implica que el Absoluto tiene sólo un significado muy subordinado para él. En el Simposio celebrado ante la Sociedad Aristotélica sobre el tema de si los individuos tienen existencia sustantiva o adjetiva, Pringle-Pattison enfatiza y desarrolla la misma línea de pensamiento. El individuo parece "el único objetivo concebible del esfuerzo divino".[76] Él pone como básico para un conocimiento correcto de Dios, que tengamos un conocimiento correcto del hombre.[77] Esto es sin duda cierto, pero sería más fundamental e idealista decir que para tener una verdadera concepción del hombre debemos tener una verdadera concepción de Dios. Cuando Bosanquet critica su visión del individuo como "miembros" dentro del Absoluto, como lo había desarrollado Pringle-Pattison en *La idea de Dios* porque conduciría al pluralismo, la respuesta de Pringle-Pattison en el Simposio, es que Bosanquet a su vez debería reconocer "el significado de la identidad numérica como la característica básica de la existencia concreta".[78] En sí mismos estos individuos son sin duda abstracciones pero también lo Absoluto es en sí mismo una abstracción. Bosanquet, insinúa, sustituir la unidad kantiana de apercepción como un universal lógico abstracto, por una verdadera unidad en la diferencia. Hay una determinación similar en Bosanquet que en el materialismo de "enseñar una identidad formal haciendo abstracción de las diferencias de las que depende el carácter mismo del universo como cosmos espiritual".[79]

El idealismo no podía evitar moverse en esta dirección. Pero, cuando el Absoluto se pone en contacto más estrecho con los individuos, ¿es

---

76 *Proceedings*, 1917–18 p. 511.
77 *Idea of God*, p. 254
78 *Proceedings* 1917–18, p. 512.
79 *Proceedings* 1917–18, p. 522.

algo más que un universal lógico dentro de los diversos individuos o uno entre ellos de su clase? Pringle-Pattison nos dice que debemos mantener una diferencia entre Dios y el hombre porque su misma realidad depende de ello.[80] Esto está bien como ideal. Pero es difícil ver cómo el Absoluto va a tener algún significado independiente cuando la identidad numérica de los individuos se convierta en una "característica básica" de la realidad.

Si este argumento se llevará a cabo sobre una base atemporal, conduciría a una posición similar a la de McTaggart, una sociedad de individuos igualmente últimos entre los cuales un Absoluto podría subsistir solo en la forma de un conjunto lógico universal. Pero el punto importante aquí es que los individuos a quienes se les otorga la membresía en la realidad última son temporal y materialmente condicionados. El pluralismo se convierte en pluralismo fluctuante. El significado del Absoluto se incorpora a esta realidad que fluye. "Qué significado o valor puede tener el proceso, desde el punto de vista del Absoluto; salvo como mediador de la existencia de seres espirituales, objetos del cuidado y amor divinos, y capaces ellos mismos de responder al amor y la comunión".[81] Lentamente el Absoluto del Idealismo va completando su curso; de ser la presuposición de la experiencia posible, se ha convertido en su universal lógico o contrapartida y finalmente se sumerge como una vaga inmovilidad dentro de un todo en desarrollo, hasta que finalmente surge en la cima del pensamiento humano para reaparecer como el Ideal de la humanidad que se realiza en nosotros. "La presencia del Ideal es la realidad de Dios en nosotros".[82] O también: "La presencia y el poder del Ideal es la solución de la cuestión en juego en el debate siempre renovado entre la inmanencia y la trascendencia. Sin el reconocimiento del Ideal, una doctrina de la inmanencia debe degenerar en una aceptación y justificación de lo real tal como lo encontramos".[83] Pero con el reconocimiento del Absoluto como nada más que un Ideal, estamos

---

80 *Proceedings*, 1917–18 p. 522.
81 *Proceedings*, 1917–18, p. 524.
82 *Idea of God*, p. 243. Cf. también *Mind*, 1919, p. 11, nota: donde Pringle-Pattison responde a una crítica de H. Rashdall sobre esta afirmación en Mind (Cursiva), julio, 1918. Dice: "El Ideal es precisamente la cosa más real del mundo", de modo que piensa que su punto de vista mantiene la "realidad transfinita". Pero esto no afecta al curso de nuestra argumentación.
83 *Idea of God*, p. 253.

considerando la realidad como un todo que se desarrolla a sí mismo. En esta posición, el idealismo alberga una vez más al enemigo de todo idealismo sano, tal como lo concibió Bosanquet, a saber, que la esperanza está sólo en el futuro.

El no prestar atención a la advertencia de Platón de que la unidad, si ha de ser una unidad real, debe encontrarse antes que la diversidad temporal obligó al idealismo a buscar un sistema en el curso de la experiencia temporal. Decir, como dijo Bosanquet, que en realidad no podemos hablar de propósito, sino sólo de valor, plantea la pregunta, ya que se basa en la suposición acósmica de que la experiencia del tiempo no tiene realidad. Más tarde, Bosanquet busca rehabilitar la categoría de finalidad desechada basándose en la de valor. Pero si bajo un impulso cósmico primero niega por completo la validez de las categorías temporales y luego sigue buscando algún significado en ellas, debe aferrarse a la "obsolescencia de lo eterno" por completo. Si nuestro argumento a favor del teísmo es correcto, entonces el propósito aparte del valor no tiene significado pero, por otro lado, es solo a través del propósito que tenemos una concepción del valor. Por lo tanto, nos aferramos a la posibilidad y actualidad del valor independientemente del propósito para que proporcione una base para el propósito real que existe. Incapaz de hacer esto, el idealismo, toma el uno o el otro o prueba métodos imposibles de combinación entre los dos. Habiendo encontrado imposible negar el propósito y emplear sólo el valor, ahora, en la persona de Pringle-Pattison, busca un significado independiente en el propósito. Aún así, Pringle-Pattison se opondría tal vez a una declaración tan escueta de su intento. Quiere unir propósito y valor. Intenta hacer esto girando en torno a la relación mutua de tiempo y propósito. Es el aspecto temporal del propósito lo que ha sido detestable para los idealistas. Pero Pringle-Pattison piensa que si el tiempo se subordina al propósito, la categoría será bastante inobjetable y autointeligible. Para citar: "El propósito fue condenado como una categoría esencialmente temporal. Esto es cierto, pero la relación de los dos términos ahora se invierte, porque la actividad intencional se ve como la realidad concreta de la cual el tiempo es meramente una forma abstracta".[84] Nuevamente: "El

---

84   *Idea of God*, p. 358.

tiempo es la abstracción del propósito no logrado o del propósito en el camino hacia el logro". "La visión eterna del proceso del tiempo no es la visión de todas sus etapas simultáneamente, sino la visión de ellas como elementos o miembros de un propósito completo".[85] Pero este giro de las concepciones de tiempo y propósito no produce el resultado deseado. El tiempo sigue siendo un aspecto inseparable de la categoría de propósito tal como la conocemos. Ya sea que el tiempo sea la abstracción del propósito o viceversa, ambos son abstracciones a menos que estén relacionados con el valor. Pero es precisamente esta relación necesaria del propósito con el valor lo que Pringle-Pattison parece cuestionar. Encuentra la realidad inteligible en el proceso temporal mismo aparte de un Absoluto. "Movimiento, actividad, proceso, es para nosotros la diferencia misma de la realidad concreta de las abstracciones de la ciencia o de la lógica; y por lo tanto, en la medida en que esto involucre tiempo, el tiempo debe ser retenido en cualquier concepción que podamos formarnos de una Experiencia Absoluta".[86] El atuendo apologético con el que Pringle-Pattison viste al Absoluto en este momento es bien manchado por su inmersión en el fangoso mar del tiempo, es completamente desechado por J. Watson. Si Pringle-Pattison dice a veces que la independencia del individuo finito es realmente algo misterioso cuando se sostiene sobre la base de una lógica idealista, J. Watson proclama rotundamente que todas las dificultades de Bosanquet para tratar de armonizar lo Absoluto y lo relativo eran artificiales porque de algún modo había erigido un Más Allá no temporal. Piensa más bien que el resultado neutral del principio de que lo Real es lo Racional es que no hay ningún Más Allá, es decir, ningún Más Allá que no esté sujeto a categorías temporales. Esta es una posición muy atrevida y creemos que es fundamentalmente sólida sobre la base de la lógica idealista de que toda experiencia posible es de un tipo. Parecería entonces imposible aferrarse a una experiencia supratemporal; J. Watson acepta audazmente las consecuencias de la lógica idealista. Piensa que la naturaleza misma de todo pensamiento debe ser temporal.

---

85   *Idea of God*, p. 358.
86   *Idea of God*, 361.

La misma naturaleza del juicio nos lo dice. La realidad en su totalidad debe ser una realidad pensable. Por lo tanto, no será suficiente separar el "qué" del "eso" de manera tan tajante como lo ha hecho Bradley. Y esta realidad en su sentido más amplio "no es para nosotros estacionaria, sino que crece en contenido a medida que el pensamiento, que es la facultad de unificar los elementos distinguibles de la realidad, se desarrolla en el proceso por el cual esos elementos se distinguen y unifican más plenamente".[87] En esta concepción del todo en desarrollo y crecimiento Watson sostiene correctamente que es el resultado lógico de la teoría idealista del juicio. Watson ve en ello la única salvaguardia contra el agnosticismo. La razón parece ser que Dios se ha vuelto completamente inmanente y no hay nada de para ser agnóstico. Aun así, incluso Watson habla de un Absoluto, incluso de un Absoluto autoconsciente. A veces habla del Absoluto manifestándose en el tiempo, como si estuviera más allá del proceso temporal. "El origen de formas de seres cada vez más elevadas es concebible siempre que se considere que la totalidad de estos seres implica un Ser del que se originan".[88] El Absoluto no se desarrolla. Sin embargo, el Absoluto no puede separarse del proceso del tiempo. Watson hizo un punto específico de crítica sobre Bosanquet, este último no había visto que la naturaleza misma del juicio no permite ningún Absoluto atemporal. No escuchará la pregunta de por qué el Absoluto debería revelarse. "Si se pregunta por qué lo Absoluto se revela gradualmente en lo finito, debo responder que la pregunta es absurda: no podemos ir más allá de la realidad para explicar por qué es lo que es: sólo podemos afirmar lo que su naturaleza, tal y como la conocemos, implica".[89] ¿Por qué, entonces, debería Watson seguir hablando de lo Absoluto revelándose a sí mismo? Parece huir a esta idea porque se da cuenta de que si vamos a tener una explicación debe haber un principio autodeterminante y no puede encontrarlo si toda la realidad está en el tiempo. Sin embargo, el tiempo es para Watson un aspecto inseparable del Absoluto. Toda realidad «implica sucesión, y por lo tanto debemos decir que no hay realidad concebible que no presente el aspecto de sucesión o proceso».[90]

---

87 *Phil. Rev.* V. 4, 1895, p. 360.
88 *Phil. Rev.* V. 4, 1895, p. 367.
89 Idem., p. 368.
90 Idem., p. 497.

CONCLUSIONES

Ahora bien, es este énfasis en el tiempo y la sucesión como un aspecto inseparable de la totalidad de la realidad lo que lleva al idealismo muy cerca del pragmatismo. La distinción hecha por el teísmo entre un Absoluto y una realidad atemporal que crea el universo temporal es incapaz de aceptar el idealismo debido a la incomprensibilidad de una relación entre los dos. Sin embargo, el callejón sin salida al que nos lleva si ignoramos la concepción de una creación temporal podría hacernos reconsiderar. Se nos dice que implica la idea de un origen absoluto, lo cual es absurdo. Con esto el teísta está de acuerdo. Los apologistas que apelan a Renouvier para obtener una justificación filosófica de su noción de creación temporal porque concibe el origen absoluto como una posibilidad, cometen el error de simultáneamente socavar la posibilidad de creer en Dios. Incapaz de llegar a la extensión de Renouvier porque eso colocaría al azar detrás de toda la realidad y no nos daría ninguna explicación de la coherencia en nuestra experiencia e igualmente incapaz de negar la realidad del tiempo como un aspecto inseparable de la experiencia humana. El teísmo se aferra a la creación temporal, es decir, a la causalidad absoluta, o a una causa inmutable.

McTaggart nos dice que la noción de causa inmutable ultraja a la razón; Ward dice que todos están de acuerdo en que Dios no creó el mundo. Pero la razón de estas afirmaciones parece ser entonces, que da a entender que implica la totalidad de la realidad, pero el teísmo no aplica la idea a Dios en absoluto. Si todavía se considera absurdo que el mundo temporal tal como lo conocemos haya tenido un comienzo absoluto, sólo señalaríamos las alternativas. Podemos decir que no hay inmutabilidad y todo cambia, esa es la posición que el Pragmatismo ha abrazado abiertamente y hacia la que tiende el idealismo; nos lleva de regreso al origen absoluto y al vacío de posibilidad o a una regresión infinita que, en el mejor de los casos, abandona toda búsqueda de sistema. O podemos decir que no hay cambio y que todo es inmutable, en cuyo caso la ilusión del cambio permanece sin explicación. Podemos decir, en tercer lugar, que hay una relación inmutable y cambiante pero no causal entre los dos; esto implica que no tienen ninguna relación entre sí, porque es imposible extraer la noción de causa, como quiera que se interprete, de la noción de cambio; si lo haces, haces del cambio un aspecto necesario de lo inmutable que es *ex hypothesi* imposible. Por estas razones, parece que si, como J. Watson, mantenemos (a) la existencia de un Absoluto que no cambia, (b) la realidad del cambio en algún lugar (c) una relación entre ellos de alguna manera y rechazamos la noción de origen absoluto de toda la creación temporal podría recibir una mención de honor.

Nuevamente, se ha dicho que la creación temporal es inconsistente con la inmanencia de Dios.[91] Esto es cierto si la inmanencia es posible sobre la base de la "relación esencial" únicamente. Pero si es más bien cierto que la "relación esencial" conduce a la identidad, entonces la creación temporal puede convertirse en una de las condiciones de una inmanencia del poder. El mismo Pringle-Pattison ha mostrado de manera muy brillante cómo se puede pensar que Dios está presente de manera diferente con su poder en los diversos aspectos de su creación, sin identificarse con ellos. Sostenemos, por lo tanto, que el teísmo está filosóficamente justificado al sostener la doctrina de una creación temporal ya que las objeciones a ella, por grandes que sean, no pueden obligarnos a negarla, cambiando a un sistema que nunca puede ser un sistema. La única alternativa completa a la creación temporal -ya que todos están de acuerdo en que el tiempo es, por muy abstracto o bajo o subjetivo que sea, un aspecto inseparable de algunos tipos de experiencia, es el origen absoluto del todo o la eternidad de un proceso-. Parece imposible que el Idealismo acepte una u otra cosa si todavía quiere seguir diferenciándose del Pragmatismo.

---

91 Pringle-Pattison, *Idea of God.*

Es, creo, una muda confesión de fracaso por parte del idealismo, que está buscando soluciones reales de los problemas entre el Infinito y lo finito a lo largo de líneas matemáticas. Se intenta probar que en realidad somos experiencia del infinito.[92] Pero una infinidad que realmente experimentamos tendría que relacionarse de nuevo con la infinitud de un Absoluto que es atemporal. El sistema autor representativo de Royce debe conducir al final a una regresión infinita.[93] J. S. Mackenzie hace un intento admirable de unir las concepciones del tiempo y la eternidad.[94] Piensa que la forma del tiempo puede ser infinita, pero no los acontecimientos del mismo. Sobre esta base, Mackenzie buscaría hacer justicia al aspecto del cambio en la experiencia y también dar al Absoluto lo que le corresponde. El problema de una eternidad que precede al mundo no es importante ya que "la cuestión no es con respecto a lo que es abstractamente concebible sino a lo que sucedió. Así como uno no se suma a cero, sino que simplemente avanza, el primer evento puede simplemente avanzar". Sobre esto, solo necesitamos señalar que si el comienzo absoluto del que habla Mackenzie se aplica al "mundo de los eventos temporales que nosotros, como seres humanos, percibimos", él no ha puesto este mundo en conexión inteligible con el Absoluto ya que no podría entonces simplemente dar un paso adelante, mientras que si su paso adelante se aplica a toda la realidad, entonces las mismas dificultades de la regresión infinita o del vacío nos miran a la cara de nuevo.

Así vemos que en el proceso del pensamiento idealista el Absoluto está perdiendo lentamente. Ya en el nivel atemporal y puramente lógico, Él se convierte primero en el correlativo y luego en el subordinado. Habiendo discutido ahora el énfasis que el tiempo ha recibido recientemente de la mano de los idealistas, vemos este proceso de descenso del Absoluto con mayor sorpresa. La conciencia moral, tal como se ha desarrollado históricamente, puede sin duda cambiar sus credenciales a voluntad, ya que el Absoluto se ha convertido en su Ideal. Ahora, nuestro argumento es que si todo esto se hace voluntariamente, está bien, pero luego se vuelve cada vez más difícil distinguir el idealismo del pragmatismo. La realidad es entonces

---

92 B. Russel, J. Royce etc., basando su trabajo sobre Cantor, Dedekind, etc.
93 World and Individual 1 Supplementary Essay.
94 Hastings, E. R. E., Artículo en "Eternity".

un todo en movimiento que se ha originado absolutamente o que ha progresado infinitamente, y la posibilidad se considera anterior al presente. Sin embargo, no parece que el idealismo quiera ir en esta dirección. Bosanquet nos sigue diciendo, y no es el único; que si alguna de nuestras experiencias de racionalidad, progreso o propósito tendrá significado inteligible si existe un sistema de realidad.[95] Pero ahora parece que se busca el sistema en un desarrollo completo. Hacer de esto una concepción inteligible es la tarea que debe afrontar el idealismo y su continua oposición a la regresión infinita no ha estado del todo fuera de lugar, la tarea no parece dar resultados muy prometedores.

Si entonces la racionalidad y la coherencia de la experiencia humana necesitan un Absoluto como el idealista siempre ha sostenido contra el pragmatismo, porque el origen absoluto de toda la realidad y la regresión infinita son inaceptables, el Absoluto del teísmo cristiano parecería filosóficamente el más razonable, ya que, como concepto, no implica mayores dificultades lógicas que el Absoluto del Idealismo, mientras que no violenta nuestra experiencia temporal. El idealismo ha enfatizado el hecho de que la racionalidad es un elemento genuino en nuestra experiencia demasiado ignorado por el pragmatismo; este último, a su vez, ha enfatizado la realidad del cambio y el tiempo: El teísmo ha buscado hacer justicia a ambos elementos en la noción de su Dios Absoluto con su concordante creación temporal.

---

95   Cf. *Meeting of Extremes*.

Más libros *de*
CORNELIUS VAN TIL

Cornelius Van Til comienza su tratamiento de los Diez Mandamientos recordándonos que la ética debe estar arraigada en el ser y la autoridad del Dios de las Escrituras. La única alternativa, dice Van Til, es fundamentar las supuestas obligaciones éticas en algo distinto de Dios, es decir, en algo finito.

Novedades *editoriales*
GUY PRENTISS WATERS

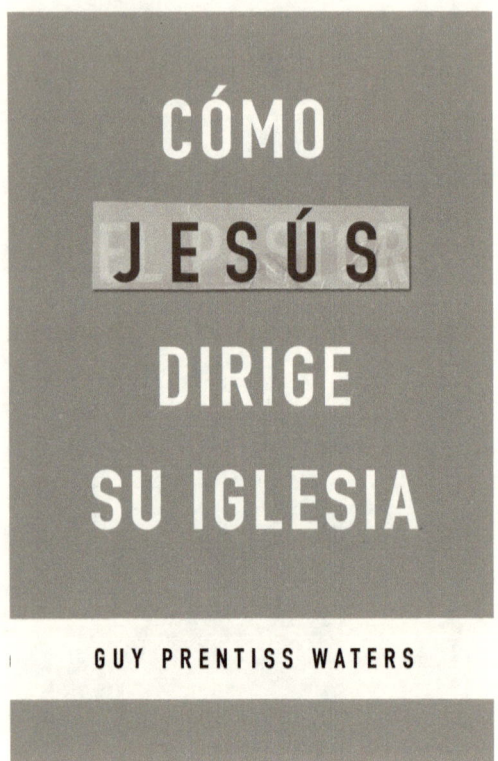

¿Por qué deberíamos ser miembros de la iglesia? ¿Cómo reflejan los funcionarios de la iglesia el reinado de Jesús sobre nosotros? ¿Dónde comienzan y terminan las responsabilidades de la iglesia? Estas y otras preguntas importantes se responden en el vital análisis de Guy Prentiss Water sobre Cómo Jesús dirige su Iglesia.

Novedades *de*
RICHARD A. MULLER

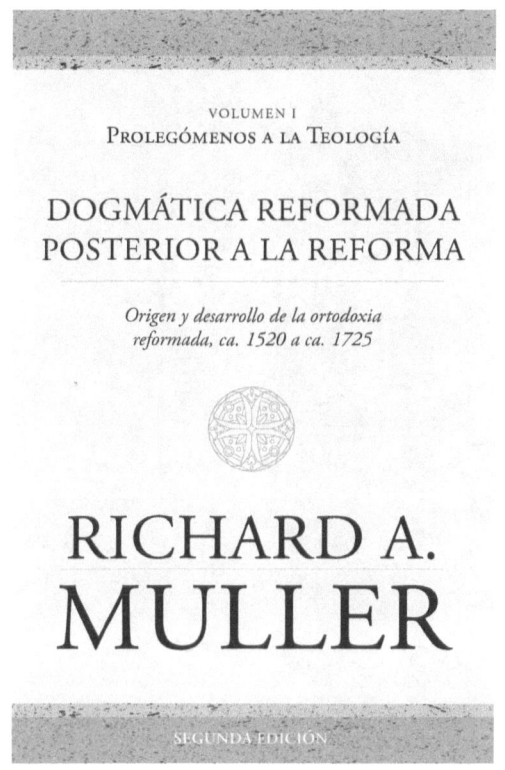

Richard Muller ha emprendido este estudio exhaustivo de doctrinas específicas para demostrar cómo se desarrolló la doctrina en el período protestante temprano.

Próximamente la mejor obra *de*
HERMAN BAVINCK

La *Dogmática Reformada* de Herman Bavinck, **en cuatro volúmenes**, es una de las obras teológicas más importantes del siglo XX. Estos cuatros volumes completos presenta la mejor teología reformada holandesa jamás escrita.

Nuestra meta es equipar a cada creyente con literatura de un *sólido* contenido bíblico que le permita profundizar en la Palabra de Dios y crecer en la madurez cristiana.

Síguenos en redes sociales
como **@montealtoes**

Puedes *adquirir* nuestros libros en:
www.montealtoeditorial.com

www.ingramcontent.com/pod-product-compliance
Lightning Source LLC
LaVergne TN
LVHW040159080526
838202LV00042B/3234